16歲的戲劇課

羅仕龍 著

我的戲劇課，開箱

如果戲劇的源頭從希臘時代開始說起，那麼我自己學生時期的戲劇課，也的確與希臘關係密切。我常常想起剛進大一的那個冬天，十七歲的我在台大舊總圖準備期中考試直到深夜，讀的就是希臘悲劇。古老的日式建築如今早已改建為校史館，但我總忘不了圖書館裡那些迴盪在我心頭的戲劇台詞以及生命哲理。

當時台大還沒有成立戲劇系，不過外文系每年都有戲劇比賽，每個年級推出一檔戲作為競賽作品。演出地點在視聽小劇場，我們許多同學就是在那兒第一次學到最基本的舞台知識。大三的戲劇選讀讓我們整整讀了一整年的西方現代戲劇，期末我還站上視聽小劇場舞台演了一段契訶夫的《海鷗》。對戲劇越來越有興趣的我，大學畢業後進入戲劇研究所就讀，台大也終於在世紀末成立了戲劇系。

1995年深冬，我（羅仕龍，圖左）和同學一起上台，演了一段契訶夫的《海鷗》。

戲劇系位於校門口椰林大道旁的一號館。還在碩士班就讀的我，擔任第一屆戲劇系「劇本導讀」課程助教，上課地點在108教室。有次我回戲劇系演講，特地坐到教室後方拍了張照，想像當年上課的視角與構圖。

學校之外，國家戲劇院、新舞台以及其他大小場館是我們最重要的「課堂」。我第一次接觸到新編戲曲就是在國家戲劇院，並且煞有介事地寫了篇劇評投稿。後來因緣際會為兩廳院的《表演藝術雜誌》

寫了不少稿件，還曾有機會貼身採訪英國皇家莎士比亞劇團工作坊，也可算是學以致用。

到了法國唸書以後，我跨校選修了戲劇人類學方面的課程。講課的是巴黎第八大學普拉迪耶（Jean-Marie Pradier）教授，對世界各地的戲劇都極有興趣，不但帶我們全班去看北京戲曲學校在巴黎北郊的演出，還帶我們去看饒負盛名的陽光劇團（Théâtre du Soleil）。陽光劇團位於巴黎彈藥庫舊址，團員集體生活，一切都自己動手來，演出作品具有跨文化特色。

有一次應邀演講，順手從教室後方拍了一張照片，回想擔任助教時上課的情景。

工作坊

莎劇體驗進行式

英國皇家莎士比亞劇團訪華工作坊

此次工作坊的總體教學目標以「扮演意圖」為主，旁及莎劇語言的節奏練習與詮釋實驗。主講老師Ginny完全捨棄角色的內心建構，代之以種種外在的刺激、環境變化，讓角色依此尋找他所必須採取「對應策略」(tactics)。對於語言的態度，更是棄正典文學意涵不顧，而專就其結構開膛剖腹。

羅仕龍（特約採訪）

在《馴悍記》正式登台演出之前，皇家莎士比亞劇團已經提前於台北、高雄舉辦多場工作坊。此次活動由巴黎傳播、英國辦事處（British Council）居中促成，除了與台大戲劇系所合辦的場次之外，亦針對社會一般民眾設計基礎、進階兩班（註）。主講老師Virginia Grainger（學員暱稱她爲Ginny）有豐富的戲劇教學經驗，曾在大學主修表演與英文，獲有舞台武術與教育學程證書。平時在英國Ginny即擔任劇團對外課程的指導老師，台灣是她這次巡迴世界十六週工作坊的最後一站。

此次工作坊的總體教學目標以「扮演意圖」（play intension，有時Ginny亦以「扮演客體」play object稱之）爲主，旁及莎劇語言的節奏練習與詮釋實驗。整個排練過程反對史坦尼斯拉夫斯基的「情感記憶」（emotion memory）方法，強調「有機」（organic）的互動。所謂「有機」，就是經由不斷地向外嘗試與刺探（而非僅如史坦尼式的向內建立角色情感、思想與性格），激發其他演員與舞台環境，以製造（使對方與自己）反應的條件、誘因，從而產生自己在舞台上的行爲表現。在這個原則下，最終的「意圖」藉由「條件」達成，而不是「情感」。舉例來說，設若要演出醉漢回家的場景，以史坦尼的方式，必須先進入角色，設想喝醉酒的情境等等；但Ginny的方法則是先設法把自己弄得暈頭轉向，然後告訴自己，我現在的意圖是「回家」，如此就可以創造出眞實的舞台意象，而不只是「表演」。

皇家莎士比亞劇團工作坊主講老師Virginia Grainger（右）擁有豐富的戲劇教學經驗，並獲有舞台武術與教育學程證書。

白米／攝

「熟悉度的建立」與「意圖的達成」

這種訓練方式有賴於工作夥伴之間的默契，以及演員自身一種不假思索的直覺反應。因此，工作坊的第一項工作重點便是：迅速建立彼此的熟悉度，以創造

撰寫跟戲劇有關的文章，也許算得上學以致用。（引自／《PAR表演藝術》第92期／2000年08月號）

留學時光：觀賞北京戲曲學校在巴黎演出

留學時光：參觀陽光劇團。

7 陽光劇團的工作空間

巴黎街頭的劇作家雕像，高乃依。

法國有深厚的戲劇文化，街頭常可見到莫里哀（Molière）、高乃依（Corneille）等劇作家的雕像。中學語文課本裡必定會講授古典與現代戲劇，而當劇院演出莫里哀等古典劇作家的作品時，少不了中學生全班前往觀劇。法蘭西戲劇院（Comédie-Française）、奧德翁劇院（Odéon）等公立劇院，不但肩負起文化推廣的任務，也具有教育傳承的意義。奧德翁劇院旁有間專門的戲劇書店名為「裁紙刀」（Le Coupe Papier），從劇本、理論乃至演出光碟或明信片，小小空間裡應有盡有，可說是戲劇知識的寶庫。

巴黎街頭的劇作家雕像，莫里哀。

法蘭西戲劇院。

奧德翁劇院。

「裁紙刀」以戲劇書籍聞名。

巴黎的劇院節目豐富多元，學生購票補助很多。其中，巴黎市立劇院（Théâtre de la Ville）、巴黎北方劇院（Bouffes du Nord）、珂嶺劇院（Théâtre de la Colline）等，都是我比較常去的劇院，讓我驗證了許多課本上的知識。例如有次巴黎市立劇院邀請柏林人劇團（Berliner Ensemble）蒞臨，這是知名戲劇理論家布萊希特（Bertolt Brecht）所創的劇團，著實讓我們大開眼界。

相較之下，我雖然比較少去巴黎歌劇院的迦尼葉廳、巴士底廳欣賞演出，但歌劇院裡的圖書館我還蠻常前往，主要是為了查詢資料寫論文。巴黎歌劇院圖書館隸屬於法國國家圖書館，是其分館之一。國圖還有個表演藝術部門，近兩年剛整修完畢，過去也是我常常來找資料的地方。至於我唸書的新索邦大學，因為有戲劇系，所以有專屬的戲劇圖書室，裡頭收藏許多珍貴的資料。不過這塊校區已經轉作他用，而過去純以研究為導向的法國大學戲劇系，現今也逐漸導入更多實務課程。

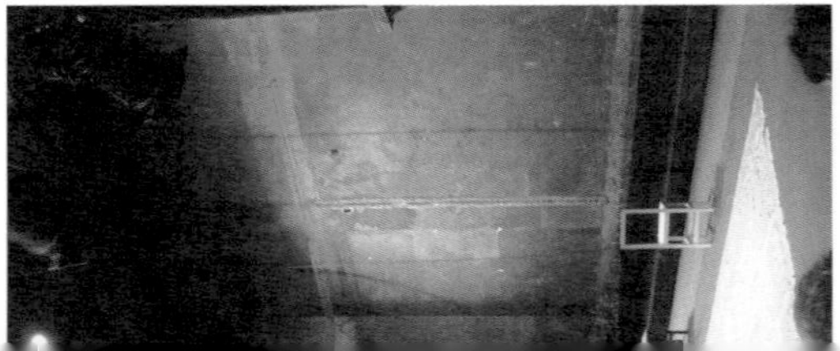

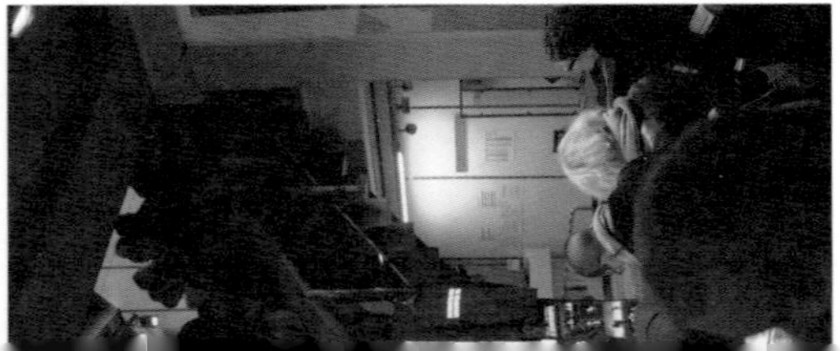

巴黎市立劇院。

巴黎北方劇院。

珂嶺劇院。

柏林人劇團（Berliner Ensemble）應邀在巴黎市立劇院演出。

巴黎歌劇院的迦尼葉廳。

巴黎歌劇院圖書館。

巴黎歌劇院巴士底廳。

我在新索邦大學研讀戲劇，專屬圖書室收藏許多珍貴資料。

法國國家圖書館的表演藝術部門。

戲劇無國界，法國學生不會說中文，藉由實際操作也認識了不少戲曲知識。

我的法國友人馬愛蓮（Eléonore Martin）是普拉迪耶教授的愛徒，唸書時專攻戲曲，博士畢業後在大學戲劇系任教，開課教學生學習戲曲基本身段。學生們不會說中文，但照表操課認識了不少戲曲基本知識。開始教書之後的我，也曾在法國大學介紹崑曲、京劇，希望讓學生們在課堂上發現不一樣的戲劇形式。

回到台灣後，有時我會利用戲劇課帶學生到台北藝術大學參觀劇場，有時就近邀請新竹「玉米雞

我在法國的大學課堂介紹崑曲、京劇。

劇團／不然，B計畫劇團」、苗栗「EX-亞洲劇團」來指導戲劇工作坊，一起在課堂上開發肢體語言，探索戲劇表演空間。

這兩年來，因緣際會與台積電文教基金會、國光劇團合作，在清華大學、東海大學推動戲曲傳承計畫，讓從沒接觸過戲曲的學生可以從實作裡認識京劇。此外，我們不但在大學課堂裡邀請重量級來賓如白先勇老師蒞臨講講戲曲，也走出校園，為桃竹苗地區的中學生文藝營設計戲曲體驗課程。二〇二一年

國光劇團與清華大學學生共同演出京劇《春草闖堂》。（國立傳統藝術中心提供，下頁同）

白先勇老師蒞臨課堂講戲曲。

與王安祈老師一起主持廣播。

起，台積電文教基金會贊助IC之音電台製播《打開戲箱說故事》節目，由台大戲劇系講座教授王安祈老師與我一起主持，希望用輕鬆活潑的方式，讓更多戲劇知識傳播到課堂以外的地方。

從學生時代參與的各種戲劇課程及活動，一直到現在嘗試戲劇推廣，戲劇課不但陪伴我成長，也讓我認識許多朋友、老師，學習看待世界的方法。我喜歡戲劇課，也希望這本《十六歲的戲劇課》能與許多讀者們一起創造戲劇的回憶！

國光劇團為中學生設計戲曲體驗課程。

目次

第十四章 戲劇、儀式感與宗教

第十五章 無時無刻不在表演

前言

青春的舞台，戲劇的課堂

高中時我在國文課第一次讀到《紅樓夢》。劉姥姥進大觀園的趣事，還有各種各樣的人情世故，都在作者曹雪芹的字裡行間躍動。只不過，要一整班高中男生專注在賈府的萬紫千紅裡，國文老師或許有點使不上力，又或許是老師覺得有趣的故事不妨可以用更有趣的方式來呈現，於是讓我們全班照著課文裡的對話，依樣畫葫蘆搬演劉姥姥進大觀園。說是「演」，其實是非常簡單的念念對話，搭配一些簡單的動作，有點像是今天常見的「讀劇」。

也是在我念高中的時候，公民老師要我們分組錄製廣播劇，題材不拘，時間也不需要太長，但是從劇本、配樂到演出，都要同學們自己一手包辦。我們的錄音設備很普通，老師也不要求我們做到特別專業，大抵是要我們發揮分工合作精神，動手練習把一齣廣播劇作品做出來。

學校課堂時間之外，我的地理老師因為喜歡戲曲，想方設法成立了國劇社，也就是現在所說的京劇。班上幾位同學還在新竹演藝廳的公演裡跑龍套，印象中都是官府當差的衙役，劇情是什麼則完全記不得了。當時我有另外的社團要忙，雖然沒加入練習行列，但仍然當個熱情支持的觀眾去看同學們演出。

這些都是我在高中時最直接跟戲劇有關的藝術體驗，跟一般想像中的「戲劇課」有些差異。我既沒有真的背台詞、換穿戲服，也沒站到舞台上粉墨登場。不過，如今回想起來，這些跟學校教育有關的經驗倒是點出戲劇的兩項重要元素，一是語文素養，一是團隊精神。且不管日後是否就讀戲劇科系，也不管將來會不會從事專業戲劇演出，但語文素養和團隊精神卻是國高中生學習歷程裡，極需要培養的兩項基本能力。而這兩項能力的養成，都與戲劇教育有密切關聯。

就語文素養來說，戲劇主要是由對話所構成的文體，而每句對話都反映了說話者的身份、動機、性格等，同時也呼應說話當下的外在環境與客觀條件。如果語文學習的目標之一是為了培養適切的表達能力，那麼戲劇絕對是最有效的文體。另一方面，由於戲劇展現角色之間的互動，所以當我們閱讀劇本的同時，也是在訓練自己仔細觀察人與人之間的關係，以及言談舉止所流露的訊息。戲劇是練習語文表達的工具，也是讓我們通過語言學習觀察世界的方式。

就團隊精神來說，一個戲劇作品的完成需要各個環節的配合。不同的人有不同的個性，做事方法也有差異，如何讓團隊裡的每個成員互相協調，既能彰顯各自才能，又能共同完成一件有整體感的成品，這都有賴相互溝通與彼此理解的藝術。戲劇涉及文字、表演、聲音、視覺、設計等各種條件的搭配，是最好的團隊合作經驗，也是讓人收穫滿滿的一堂課。

戲劇在教育場域的重要性，在西方國家特別明顯。這或許跟希臘羅馬以來的文學與哲學傳統有關，但也同時反映出戲劇教育總能與時俱進。我在巴黎求學與工作期間，常在劇院看見高中老師帶班來觀賞演出，也曾在地鐵裡看見高中生討論語文課本裡的戲劇作品。觀賞戲劇演出可以增加藝術美感體驗，而閱讀戲劇作品則又和語文能力的建立環環相扣。每年法國高中畢業會考的語文科考題，都少不了戲劇作品。是什麼原因讓歐洲的中學教育如此看重戲劇？戲劇究竟是怎麼一回事？我們可以用什麼方式看戲劇，又可以怎麼樣進一步瞭解戲劇？

於是有了《十六歲的戲劇課》這本書。書中所寫是我自己在戲劇系所唸書、在大學教戲劇課許多年來的一些心得。內容大致區分為三個部分：第一部份談戲劇的形式與美感概念；第二部分從戲劇發展歷史的角度，來談各個時代不同的戲劇名作；第三部分則是談到戲劇與人類社會文明的各種連結。如果你沒有接觸過戲劇，希望這本書可以是個開始。如果你喜歡戲劇，在學校也學過戲劇，相信這本書可以與你有些對話。

讓我們一起走進戲劇的世界！

01

CHAPTER

第一章

戲劇：行動和參與的過程

或許你曾在同樂會看過班上同學的短劇表演，雖然道具和佈景服裝不見得很逼真，但你仍然可以看得哈哈大笑。或許你也看過場面盛大的音樂劇，劇中人物說著說著就唱了起來，甚至跟其他演員一起，在舞台佈景之間跳起華麗而整齊的舞蹈。現實生活裡不太可能發生音樂劇一般的歌舞情景，但我們觀看音樂劇演出時，還是可以輕鬆理解劇情想要傳達的意思。

上述這兩個例子，一個取自業餘的非專業演出，另一個則是取自專業的舞台製作。不管是哪一種情況，都讓我們意識到「觀眾」的存在。

一場戲劇的演出，不論是即興的，或是完整排練過的，戲裡所要傳達的意義，並不僅止於編劇的文本或是演員的表演，而是通過觀眾來理解和詮釋。反過來說，不管舞台上運用什麼表演或編劇手法，不管故事與佈景簡單、抽象或複雜，只要觀眾能看得懂，那麼這齣戲劇就達到了它的演出目的。

為什麼觀眾對於戲劇來說如此重要？戲劇究竟是怎麼成為戲劇的？

戲劇源自觀看

我們不妨從「戲劇」的定義開始說起。在二千五百年前的希臘城邦，人類歷史上首次出現了較為完整且正式的戲劇，在酒神節慶場合演出，並且還舉辦盛大的競賽。希臘文裡的「戲劇」一詞是θέατρον（可以根據發音拼寫為theatron），原意是指「觀看的地方」。今天英文裡的「戲劇」或「劇場」叫作「theatre」，就是沿自希臘時代的講法。

既然戲劇的詞義原本跟「觀看的地方」有密切關聯，也就說明戲劇的創作和演出初衷是為了被觀看。被誰觀看呢？自然就是來看戲的觀眾。

古代的東方或西方社會裡，戲劇在各種慶典或祭祀的場合演出。這些演出所預設的「觀眾」不是一般人，而是天上的諸多神祇。儘管如此，演出的現場仍然會有一般的觀眾。某些戲劇演出的初衷或許是為了酬謝神祇，但同時也讓世俗的觀眾獲得了滿足和娛樂。

也就是說，戲劇是「一個巴掌拍不響」的藝術表現方式。它的產生是為了觀眾，而為了讓觀眾可以理解、欣賞或喜愛，在創作時就必須考慮到觀眾的背景、興趣、情感認同或知識能力。另一方面來說，當觀眾不存在時，戲劇也往往沒有搬上舞台的機會。

這是戲劇與其他文學、藝術形式很不一樣的地方。一部小說、一首詩或一幅畫，固然作者在創作時也有可能考慮到讀者或觀眾的存在，但即便作品完成時沒有讀者或觀眾在場，它仍然有機會被欣賞。相較之下，戲劇若是沒有觀眾，不但演出的機會趨近於零（你很難想像一個劇團對著空的觀眾席演戲！），就連劇本都很有可能逐漸被淡忘。

那麼，觀眾在戲劇演出裡到底發揮什麼作用呢？

觀眾與戲劇演出之間的默契

讓我們回到一開始講到的兩個例子。在第一個同樂會的短劇演出例子裡，劇情可能是取材自學校或家裡的生活情境，有時用搞笑的方式模仿其他同學或老師，有時是改編一些流行的影視作品。為了要達到預期的演出效果，在表演進行時一定要提供某些辨識度高的動作或語言表達方式，才能讓觀眾知道你究竟想表現或指涉什麼。

在第二個音樂劇的例子裡，牽涉到的則是表演模式問題。想像一下我們搭乘捷運時，站在身旁聊天的兩人說著說著便唱了起來，接下來全車廂的人都開始合唱並且跳舞。這在日常生活中幾乎不可能發生的場景，若放在音樂劇裡卻顯得相當自然，觀眾也可以很快抓到劇情所要表達的意思及渲染的情緒。

這兩個例子的戲劇之所以可以達到演出目的，關鍵原因在於觀眾理解並且接受創作者（包括編劇、演員等等）提供的元素或模式，與創作者之間達成了一種默契。就是在這樣的條件下，觀眾進入了一個不同於現實生活的世界，自願接受編劇或演員提供的情境與元素，讓戲劇的演出內容得以合理化，並且產生戲劇的效果。

影響觀眾理解的條件還有很多。就以戲劇演出使用的語言來說，如果你是一個從來沒學過英文的觀眾，演出現場也沒有字幕，那麼即使你今天看的是英國文豪莎士比亞的知名劇作，即使台上演員都有世界大獎的加持，恐怕也很不容易讓你百分之百進入這齣戲的情境並且理解內涵。

有時，戲劇之所以無法讓觀眾理解，還涉及表演形式、主題思想或情感層面的問題。你可能無法掌握某些民族或文化特定的傳統戲劇形式，也很有可能無法體會不同時代的角色所面臨的困境。這不但是觀眾會遇到的障礙，也是一齣戲劇作品在演出時，首先要面對的考驗。有些過去流行的戲劇，今天拿來演出，未必大家可以看得懂。有些在某處大獲好評的戲劇，換了另外一處上演可能票房慘淡。這其中都牽涉到觀眾的觀念認知、知識背景或是審美標準等各種條件。

也許你會想，如果今天看的戲劇演出乃是模仿現實生活的片段，觀眾是不是還有可能會遇到理解的困難呢？

戲劇模仿但不複製真實生活

答案是肯定的。請記得，戲劇雖然模仿現實生活，但並不是複製生活的每一分每一秒。一齣戲的演出時間也許只有兩個小時，但劇情牽涉到的時間可能是好幾天、好幾個月或是好幾年。有時舞台上的表現方法未必是按時間順序進行，而包含故事倒敘或角色回想的情境。在這些情況下，觀眾必須自己根據舞台上提供的線索與情節，在腦海裡建立一套合乎劇情邏輯的故事。

就舞台布景來說，即便工作人員花費再多心力將舞台裝飾得維妙維肖，觀眾在走進劇場的那一刻仍然會知道自己是來看戲，而不是真的來到劇情裡所指涉的地方。

舞台上發生的一切，不管是基於現實生活或是超乎日常，都有一套時間、空間與敘事的邏輯。看懂一齣戲，並不只是被動的接收舞台上的訊息。即使是看起來再簡單的一齣戲，都需要觀眾本身的想像介入，才能讓這齣戲在觀眾腦中成為有意義的存在。

看戲，似乎只是坐在觀眾席上享受一場文化活動，其實在整個劇場空間裡，都有觀眾的主動參與。戲劇是一種參與的行動，不只需要觀眾親自抵達劇場，更需要觀眾在觀看的過程中建構意義。

戲劇的意義來自觀眾的介入

英國劇場導演彼得布魯克在《空的空間》一書中是這麼定義戲劇的：「我可以把任何一處空間叫做舞台，即便這個舞台上空無一物。一個人穿過這處空的空間，同時有另一個人正看著他走過去，這就足以是一幕戲劇之所以是戲劇的行動所需。」在這個定義裡，戲劇涉及三個部分，包括人物、觀眾，以及戲劇的行動。每位觀眾看到這一場「戲」發生時，各自會有不同的理解和關注。當觀眾嘗試用自己的理解和想像去定義他在舞台所看到的一切時，「戲劇」就因此產生了。

也就是說，觀眾的想像力參與了舞台發生的一切，觀眾的介入讓戲劇演出有了完整的意義。

比方說中國戲曲，在演出的舞台上我們很少看到寫實的佈景。簡單擺設的一張桌子、兩張椅子，足以代表各種不同的空間，可以是威武森嚴的朝廷，也可以是荒野深山的一間破廟。演員的表演和使用的道具也不是完全寫實，一根馬鞭可以象徵一匹秀麗的駿馬，演員揮動著馬鞭在舞台上繞了一圈便是連夜穿越千里途程。對於一個從來沒有接觸過戲曲的觀眾來說，或許只能任意猜測舞台上發生的劇情，但如果是對於戲曲表演較為熟悉的觀眾，即便面對空的舞台，也可以就著演員的演唱、念白與身段表現，在腦海中勾勒出各種戲劇場景。

然而，不管是哪一種形式的戲劇，當觀眾將自己的想像投射到演出之中的時候，不免容易將自我帶入戲劇情境中，並且認同劇中的某些角色或立場。我們有時候會聽說某某演員因為演了某個反派角色，導致在現實生活裡引起民眾的反感。你可以說這樣的觀眾是「入戲太深」，也可以說他在觀看戲劇的過程之中，不但是以觀眾的身份參與了戲劇的進行，甚至在戲演完之後，仍然把現實生活中的自己投射到戲劇裡頭。

有些劇作家不太喜歡觀眾的這種情感認同與投射，例如二十世紀初期德國的布萊希特。他嘗試使用音樂、影片等許多不同方式，不時打斷觀眾的幻覺，讓觀眾在看戲的過程裡，每隔一段時間就會被迫跳脫劇情，讓觀眾清楚意識到他是在進行看戲這件事情，而不是將自身代入劇中人物與情境。

反過來說，有些創作者會使用各種手段讓你進入他所布置的情境中，帶你「身歷其境」，例如近幾年流行的「沉浸式劇場」，創作者嘗試打破舞台與日常生活的界限，將戲劇情節融入現實生活環境裡。在這種戲劇模式裡，沒有固定站在某處舞台上的演員，有時也沒有事前編好的對白，只有簡單的指示，提醒觀眾接下來要做什麼。觀眾必須靠自己在空間裡的移動，發現人物、事件或物品，由自己去想像或定義這齣戲劇究竟在說些什麼，想傳達什麼訊息。像這樣的戲劇演出，可以是很隨興的，讓觀眾自己決定自己看到什麼、想到什麼；但也可以是很嚴謹的，由一群製作團隊事前縝密規劃戲劇情境與事件，讓觀眾一步一步被引導進入創作團隊希望你注意到的事情，並且誘導你按照他們擬定的方向判斷與思考。無論如何，觀眾必須親自參與其中，並且在很大程度上成為推動戲劇進行的一份子，甚至自己也可能是劇中的角色。

另外，有些戲劇演出雖然是在一般室內的劇院舞台上進行，但會在戲劇演出進行時設計一些與觀眾互動的環節。例如故事工廠改編自電視劇《我們與惡的距離》，就在演出過程裡讓觀眾通過手機app參與投票，決定戲劇情節的發展。舞台上發生的故事彷彿變成我們現實生活中的事件，而觀眾則似乎變成了社會上的群眾，通過公共意見的表達，影響了社會事件的發展。

藉由以上許多不同類型的戲劇表現方式，我們可以清楚明白，戲劇需要觀眾，而且是親臨現場的觀眾。觀眾在觀看戲劇的同時，並不是單純被動接收訊息的一方，而是通過他與戲劇創作者之間共同的語言——不只是是用來說話和溝通的語言，而且是藝術層面的語言——進而充分理解戲劇人物的關係、故事情節的脈絡和發展，以及戲劇形式所要傳達的美感與意義。有時候，戲劇演出會直接要求觀眾的參與、認同或介入，或是反其道而行，故意運用各種手段阻撓觀眾的情感認同。

也就是說，不管你看的戲劇是處理嚴肅議題，或者是輕鬆搞笑，其實你都不只是一個觀眾。你是意義的建構者，你也是每一場演出的參與者。戲劇，就是一種行動！

02

CHAPTER

第二章

戲劇是
語言的藝術

想像你正在等車或在商店裡買東西，旁邊剛好有人在聊天。你未必是要窺知他人隱私，但或許會不經意地聽到一些談話內容。如果你不特別留意，他們交談的內容對你可說毫無意義。但若是你仔細聆聽，也許就會從中得出一些蛛絲馬跡的訊息。比方說他們之間的關係、感興趣的話題、身份背景等等。若是再更注意聽下去，也許還可以通過他們講話的方式，推測他們的個性或習慣。

當然，除了講話的內容之外，你還可以藉由他們的外觀、穿著打扮、舉止等因素，進一步獲取更多足以提供判斷的訊息。

諸如此類的生活場景，其實也就是戲劇場景的基本構成法則。當你觀看一齣戲劇時，你所能掌握的線索就是角色在表演空間裡展現的一切互動，包括角色彼此之間身體的接觸或言語的交流。如果你觀看的是一齣默劇，那麼演員會運用大量的身體語言來表現劇情以及角色性格。如果你觀看的是一齣有台詞的戲劇，那麼演員之間通過語言來呈現的對話，便構成劇情發展最重要的關鍵。

不論你是閱讀劇本或是觀看演出，往往從劇情一開始就有一連串的對話。作為讀者或觀眾的你，從他們的對話之中收集資訊，推測故事背景，試圖瞭解劇中人物的動機、個性以及相互之間的關聯。隨著劇情不斷發展，訊息逐漸累積，而我們對故事與人物的理解也越來越完整。

這就是戲劇與其他類型文學作品最不一樣的地方。戲劇是語言的藝術，除了獨腳戲之外，大多數的戲劇敘事是交由對話來完成。

戲劇：不同於小說、詩歌的閱讀體驗

小說或詩歌的閱讀體驗，與劇本的閱讀很不一樣。當我們翻開一本小說，首先會注意到有個敘事者在對我們說故事。敘事者可能是第一人稱的「我」，讓整本小說通過這個「我」的視角，來引導讀者瞭解故事發展。敘事者也有可能是第三人稱，通過他對事件的觀察、參與或評述，讓讀者明白小說的情節。在比較特殊的情況下，小說會以第二人稱的方式書寫，彷彿是在對著讀者侃侃而談。不管是哪一種人稱、哪一種視角，我們在閱讀小說時，基本上是依循著敘事者的視線與路線。敘事者提供的線索，就是我們對小說所能掌握的一切；敘事者帶我們走到哪裡，我們就只能看到哪裡。即使是小說裡一個沒有發生任何情節的空間，但敘事者仍然通過他的說明，讓讀者知道應該看到哪些細節。

閱讀詩歌是另一種感受。許多詩歌帶有抒情意味，不管是喜是悲，抑或是對世界的觀察，多半是以詩人本身的體會為出發點。當我們閱讀一首詩歌時，同時也是閱讀詩人的心靈，貼合詩人的情感與生命。有些詩歌的意境深邃複雜，但往往只要讀懂了這位詩人的生命，彷彿也可以瞬間瞭解詩作的意涵。

劇本的呈現則與小說、詩歌不同。劇中雖然有主角、配角之分，但不像小說一樣有個統攝全局的視角。劇本中的各個角色代表了各自的觀點與判斷，有著各自的視角，讀者必須跟隨著每一個說話的角色，不斷轉換視角，才能充分體會個別角色的情緒與想法。若是將劇本搬到舞台上演出，這樣的情況更加明顯。大部分的戲劇演出，並沒有一個聲音告訴我們該看什麼地方，也不會直接評論劇中角色的行為或想法。我們對於舞台上發生的一切，只能根據角色之間的對話來判斷，從對話裡流露的訊息推測角色之間的關係，理解事件發生的前因後果，進而拼湊、整理出我們對於劇情以及角色的理解。

一開口，就是人生的片段

不管是閱讀劇本，或者是觀看戲劇的演出，我們既像是旁觀者，又好像是與劇中人一樣感同身受。之所以像是旁觀者，那是因為我們同時面對每一個角色說出口的話語，由我們自己收集並篩選對話裡傳遞的訊息。之所以感同身受，是因為我們常常必須設身處地去瞭解每一個角色為什麼會說出那樣的話，為什麼在說話的同時流露出某種特定的情緒或反應。

有時候，同樣一句台詞運用不同的方式來念，就會產生不同的效果。「你真是太棒了！」可以是一句充滿讚美的台詞，但有時候可能會帶點諷刺的意味。我們必須依據每一句話出現的時機和場合，以及說話的角色當下是什麼情緒及處境，才能比較精準地做出判斷，瞭解到這句話究竟是傳達什麼意思。

我們常說人生如戲，戲如人生。就表現形式上來說，戲劇的確跟現實生活有不少相像的地方。想想我們在現實生活裡所參與的各種場合與活動，常常必須依靠在場人士所說的話語，提供我們種種訊息，幫助我們充分瞭解情況。或許是因為戲劇閱讀與觀看的特點，讓我們更能想像與理解現實生活中的人們在各種情境條件下的不同反應。閱讀劇本，觀看戲劇，其實就像是在觀察人生！

戲劇對話取自生活，卻不是生活的複製品

不過，戲劇雖然在很大程度上取材自現實生活，但並不是完全照抄日常生活，而是通過文學的形式化為劇本，以藝術的手法在舞台上呈現。比方說，有些時候我們會看到劇中人以獨白的方式，說出內心深處的想法。有時劇中人物會利

用旁白，將一些訊息透露給觀眾知道，但其他劇中人卻不得而知。正因為戲劇並不直接照搬現實生活，所以戲劇的語言也不是只有一種樣貌。除了現在比較常見的口語對話之外，在不同時代或不同文化背景的劇本裡，戲劇台詞常有不同形式的表現。

例如希臘悲劇或是英國伊莉莎白時期莎士比亞的戲劇，都是用詩歌形式寫成的台詞。十七世紀法國古典戲劇，也是以詩行撰寫。雖然看起來都是詩歌，但彼此之間卻有明顯的差異。莎士比亞的戲劇台詞，每一行有十個音節，不需要押韻，稱作「無韻詩行」。法國古典戲劇的每一行台詞，則要求要有十二個音節，稱為「亞歷山大詩行」。這些規則是固定的，有時非常繁瑣，往往牽涉到不同時代以及不同文化體系下的詩歌美學觀念。同一個時代的戲劇，有時也未必用同一種形式來撰寫台詞。例如希臘悲劇必須用詩行撰寫，但喜劇就不需要，主要原因涉及不同戲劇類型的文學位階高低，以及他們被賦予的社會功能和期待。有意思的是，亞里斯多德寫過一本題為《詩學》的著作。這是希臘時代最著名的文藝理論。名之為「詩」，但書中所談論的對象乃是悲劇。這一方面固然是因為當時的悲劇都是詩行撰寫，另一方面也可以說明戲劇與詩歌的關係密切。

雖說大部分戲劇的創作是為了演出，但有些作家即便以戲劇形式寫作，目的卻是為了抒發個人內心的情懷，而不一定在意作品是否能被搬到舞台上。在這樣的情況下，作家也常會利用詩歌的形式來寫劇本。浪漫主義時代的作家便有不少這樣的作品。例如英國詩人雪萊的《普羅米修斯獲釋》、德國詩人歌德的《浮士德》等等，都是利用「詩劇」的形式，來表現他們對於偉大生命的想像，藉由作品來描述與反思英雄的內心世界，寄託詩人對於人生崇高理想的追求。這種類型的戲劇作品，在英文裡叫作「書齋劇」（closet drama），在中文裡稱為「案頭劇」。詩人寫作的初衷是為了提供閱讀，所以並不特別考慮到演出時可能遭遇的限制，也未必在意劇情銜接的流暢與否。不過，隨著舞台技術不斷演進，現在也有不少導演嘗試挑戰這些原本難以演出的戲劇。

就西方戲劇的發展歷程來看，一直要到十九世紀寫實主義興起之後，才開始有大量以日常對話形式書寫的劇本。當時的劇作家們認為，戲劇舞台上要能夠充分反映現實世界，無論是布景、服裝、說話方式等等，都要貼近實際的生活。時至今日，不管是舞台上演出的戲劇，或者是我們在電影、電視或網路上看到的戲劇，大部分的台詞都是採用白話，且跟我們日常使用的語言頗為相近。

什麼樣的語言更能反映真實？

不過，就像我們一再說明的，戲劇固然常取材自現實人生，但不是像流水帳一樣照搬生活裡的大小瑣事。也就是說，看起來再白話、再寫實的戲劇對白，其實還是經過劇作家一定程度的修整。那麼，究竟是口語式的對白比較能反映真實人生現況，還是詩行的意境更能表達人物內心所感呢？我們常說某些感覺是「言語難以形容」，那麼戲劇究竟是要利用精準的台詞說出某些想法，還是運用詩歌抒情的方式，表現人生五味雜陳的感覺呢？

二十世紀下半葉起，由於各種哲學思潮不斷衝撞、質疑與解構語言在人類社會中的功能，連帶影響到劇本的寫作。有些劇作家藉著看似正常但卻沒有什麼邏輯關聯的句子，來表達他們對於人生荒謬的無奈感。例如法國荒誕派劇作家尤涅斯科的《禿頭女高音》就是代表作之一，劇中人毫無間斷地說了許多句子，乍聽之下好像有些什麼訊息，其實連貫起來卻沒有什麼太大的意義。說起來，這不也好像我們現實生活裡會遇到的情況嗎？

不管戲劇使用哪一種類型或風格的語言，在絕大多數的情況下，戲劇仍然是以語言為載體。我們對於語言有什麼期待或想像，劇本或舞台上往往也可以找到相對應的表現。戲劇是語言的藝術，從詩行、日常生活的語言乃至各種變形，瞭解戲劇就是瞭解語言，掌握語言也就掌握了戲劇！

第二章——戲劇是語言的藝術

03

CHAPTER
第三章

有限的舞台，無限的空間

一說到看戲，許多人腦海中會浮現出國家劇院、文化中心或是大禮堂的形象。進了觀眾席依序入座之後，面對的便是表演舞台。舞台兩側和上方有幕，當大幕拉開，觀眾席的燈光暗下來，好戲隨即在舞台上開演。這聽起來理所當然的描述，事實上只是戲劇發展史上的其中一種劇院型態。

我們在第一章裡，曾經引用過英國導演彼得布魯克《空的空間》書中對於戲劇的定義。空間是戲劇得以發生的重要因素之一。不同類型、不同主題的戲劇演出，所需要的表演空間常有不同。反過來說，不同的劇場型態或表演空間，也會在相當程度上影響創作者的思維。

劇本是處理空間的文本

家喻戶曉的莎士比亞戲劇《羅密歐與茱麗葉》，劇情中有一場著名的「樓台會」。羅密歐偷偷潛入茱麗葉家的花園，看見心愛的她出現在房間的窗邊。兩人互訴衷腸，定下一生誓約。這場戲一開始的時候，茱麗葉並沒有發現羅密歐在花園裡，所以大方講出了許多平常未曾吐露的心事。而當羅密歐出現在茱麗葉視線範圍內時，兩人雖然彼此明白對方心意，卻又因為被樓台高度所阻隔，儘管怦然心動，卻只能遙遙深情對望，凸顯出熱戀情侶們想要又得不到的渴望。

這場戲的空間安排，必須讓男女主角無法碰觸到對方。一人在花園內，另一人在樓上房間裡；身體的距離越遠，卻讓心靈的距離更近。今天我們演出《羅密歐與茱麗葉》時，很直覺地會想到要在舞台上搭起高台。不過，莎士比亞時期的劇院倒不需要特別在舞台上搭建臨時樓台。原因是當時的英國劇院，原本就在舞台上建有三層高的樓房。這個樓房結構是固定的，不是為了某齣戲演出而暫時搭建的。在好幾齣莎士比亞的戲劇裡，都會運用到這項舞台特點。例如《裘力斯·凱撒》劇中的羅馬君王凱撒，需要因應劇情站在樓上，面對樓下的群眾侃侃而談。我們固然可以說，也許莎士比亞或同時期劇作家喜歡在作品中安排樓台場景，但也不妨可以換個角度想，正是因為有著如此這般的舞台空間，所以影響了劇作家在創作時所構思的空間佈局。

一個理想的劇作家，在創作劇本時必須考慮文字與演出空間，預想兩者之間如何結合與調度，否則寫出來的劇本很有可能無法演出。反過來說，不同時代的空間思維與劇場技術，也有可能讓過去難以演出或是習以為常的劇本，藉由新的空間運用讓它得以嶄新面貌重新問世。

實體空間與虛擬空間的互動

對於二十一世紀的我們來說，空間不僅限於現實生活可觸及的範圍，許多時候還包括了虛擬的空間。有些劇場演出會結合影像科技，為觀眾創造出新的空間感受。劇作家在創作時未必曾經這麼設想過，但由於導演與劇場技術的介入，使得劇作家的文字文本，在劇場演出時成為導演的空間文本。

例如曹禺的代表作《雷雨》。這個話劇劇本是在一九三〇年代創作，場景主要設定在民國早期一個富裕家庭的客廳裡，藉由封閉的空間感凸顯劇中人被倫理道德壓抑著，卻又時時準備爆裂的緊繃情緒。一般在演出《雷雨》的時候，都是以寫實的方式呈現劇中客廳場景，營造二十世紀初期新舊交替的時代感。

二〇一二年，導演王翀以《雷雨2.0》為名，結合多部機器同步攝影，並且搭配預先剪輯好的劇情影片片段，即時投影到舞台上的大小螢幕。觀眾在劇場觀賞演出時，不但會看到現場演員的互動，同時也會注意到鏡頭的換位與特寫。所謂的「寫實」空間是什麼呢？是只限於演員現場演出的空間嗎？或者也可以包括即時影像提供的現場空間感呢？二十一世紀的劇場觀眾，對於空間將繼續經歷更多不同的體驗。

劇本台詞可以帶出空間感

不過，如同在本章一開始提到的，「寫實」的空間只是戲劇史上其中一種樣貌而已。從希臘時代起，劇作家與演員就不斷嘗試在有限的舞台上，創造出無限的空間想像。

方法之一是把空間置入角色的台詞之中，例如希臘悲劇《伊底帕斯王》。劇情一開始，是祭司領著一群居民來向伊底帕斯王求情，希望他拯救正陷於瘟疫禍害的城邦。祭司在向伊底帕斯王懇求時，要他「看看坐在你祭壇前的人都是怎樣的年紀」。希臘的劇場依山坡而建，露天演出，舞台區沒有佈景也沒有道具——或者說，就算有也未必能讓觀眾看得到，因為希臘劇場是可以容納一萬五千名觀眾的大型開放空間。演員藉由台詞，自然而然帶出劇情場景所在地，而觀眾則把眼前空無一物的空間想像成祭壇。

類似的例子在莎士比亞戲劇裡也有，比方說《李爾王》。年邁的李爾王將家產分給三個女兒後，不幸流落荒野。大臣葛魯塞斯特因為小兒子巧計爭奪地位與財產，同樣也是有家歸不得，於是便和大兒子艾德佳浪跡山林海濱。在第四幕裡，艾德佳對父親說，前方有懸崖矗立，崖尖從半空伸出，直指萬丈大海。而後兩人攀登山路時，父子一邊說山路陡峭，一邊感嘆已經聽不到大海的波濤聲。通過這兩段台詞，即便舞台上空無一物，但觀眾仍然可以知道角色來到濱海的懸崖峭壁邊，也明白他們正走入深山，費力往上攀爬。

不管是希臘悲劇或莎士比亞戲劇，都巧妙地運用台詞，讓劇情場景不需要受限於實體的舞台空間，也不需要製作許多布景或道具輪番更換。其實這樣的做法，在東方的戲劇裡也有，例如戲曲就充分運用了「場隨人移，景從口出」的技巧。在京劇《武家坡》裡，薛平貴身居異鄉十八年，為了見到愛妻王寶釧而想方設法回到中原。薛平貴還沒上場，觀眾就聽到他唱「一馬離了西涼界」，接著他揮動著馬鞭，唱道眼前所見盡是青山綠水、花花世界。舞台上沒有薛平貴騎馬奔騰時所見的沿途風光，但他的唱詞已經說明了一切。

機械設備為舞台空間創造驚奇

中國戲曲的舞台通常相當簡單，有所謂「一桌二椅」的講法，也就是通過一張桌子、兩張椅子，就可以在舞台上象徵各種不同的場合或地點。之所以會發展出這樣的特性，原因之一是古代戲班多半到處演出，不可能隨團攜帶著大件布景與諸多道具。象徵性的舞台概念應運而生，不但解決了搬運的問題，也創造出獨有的戲劇空間美學。不過，若物質條件許可時，觀眾也有機會看到中國戲曲運用各種豐富的裝飾與機關。例如清朝皇室在紫禁城裡建有三層樓高的戲臺「暢音閣」，花紋彩繪富麗堂皇，並且有升降、噴水等機械裝備，可以演出各種祥瑞吉慶、上窮碧落下黃泉的盛大壯觀場面。

無獨有偶，古羅馬時代的劇場也相當用心於精巧的舞台機械設備。當時觀眾喜歡觀看打鬥場面，於是將五到八萬人容量的競技場作為劇院使用，而且可以把所有入口與通道封住，將水引入競技場，讓船隻於其中演出海上戰鬥的情節，大大滿足了觀眾的胃口。

以空間呼應時代想像

綜合以上的說明，我們可以知道劇院的外部建築和舞台樣式並非一成不變，不但因時因地制宜，並且呼應觀眾的期待與特定時代的美學認知觀念。如果說十九世紀晚期的寫實主義戲劇極盡可能地讓舞台上的一切有如真實生活的翻版，那麼隨著二十世紀的到來，許多劇作家或導演則不斷重新界定劇場以及舞台空間的定義。一九二一年，義大利劇作家皮藍德婁寫了一齣《六個尋找作者的劇中人》。扮演劇中角色的演員們在戲開演前是坐在觀眾席裡的，等到戲開始了，才從觀眾席中走到舞台上。這不禁讓觀眾思考，舞台上的戲劇和舞台下的真實生活，兩者之間的界限究竟在哪裡呢？什麼是戲劇舞台，什麼又是劇場空間呢？

劇場的型態越來越多元，觀眾座位與表演舞台之間的相對位置也有許多可能。有些演出會讓觀眾圍坐在舞台四周，有些演出則讓表演區域往前延伸，穿入觀眾席之中。另外，有些小型劇場沒有設置固定座位，而是根據每一齣戲劇製作的需求予以調整安排。這種稱為「黑盒子」的室內演出空間，可以容許各種劇場空間的實驗。直到今天，大部分劇院或戲劇科系都會有個「黑盒子」，讓創作者在其中發揮各自對於戲劇空間的想像與創意。

一九六〇年代晚期起，美國導演謝喜納創發「環境劇場」的概念，讓戲劇演出的地點不限於室內的劇院，也不限於劇院的舞台上，而是可以發生在各種生活環境裡，例如車庫、公園、街道等地方。當戲劇在劇院以外的環境發生時，不但拓展了表演空間的可能性，也讓觀眾與表演者之間的距離和關係產生變化。演員可以隨時走到觀眾身邊，觀眾也不總是將視線固定在同一處，而是可以自由游移在戲劇情節、現場觀眾的反應，或是周遭環境的變化之間。

諸如此類的「環境劇場」概念，也常運用在台灣的演出中。例如知名演員溫宇航、孔愛萍等人，曾於二〇〇七年在新竹公園麗池旁的舊日式宿舍演出崑曲

《遊園驚夢》，藉由幽靜懷舊的環境，襯映崑曲的婉約典雅；劇中主角遊園的情思，彷彿穿越古今，讓經典情境與現代環境兩相疊合。

看了這麼多不同類型的劇院與舞台空間的說明，或許再次提醒了我們一件事，那就是戲劇固然可以使用寫實的方法表現，但通過創作者與觀眾的想像，有限的舞台上其實可以表現出無窮的空間變化。當虛擬影像越來越逼真，甚至很大程度上可以取代真實時，戲劇舞台的無限潛能，正在於它有寫實以外的各種可能！

04

CHAPTER

第四章

從演員到角色

一齣戲之所以讓人印象深刻，很重要的原因之一是演員的表演精彩絕倫。但是，什麼樣的表演會讓人覺得很棒呢？有時候，我們會說劇中的演員把某個角色演得很像。但是，所謂像或不像的標準，究竟是怎麼來的呢？是因為外型、身材，還是氣質、神情，或者講話的口氣呢？

所有這些問題，都牽涉到演員怎麼樣詮釋劇中的角色，而這又會涉及不同時代、不同文化背景之下的人們，究竟如何理解戲劇和表演觀念。

現今我們最容易接觸到的戲劇演出，常常是以寫實的方式來表現。比方說要演出公司的總裁，我們便會聯想到西裝畢挺，穿戴整齊的形象，言談之間流露出一股霸氣。演員在準備演出的過程中，嘗試去蒐集商業方面的資料，多方瞭解劇中設定的工作環境、人際網絡、企業文化等等，希望能因此模仿得更加精準，讓觀眾看到這個角色時可以被說服，認同這位演員的詮釋。

問題在於，演員要怎麼樣才能讓自己在舞台上變得像這個角色呢？我們常常說，演員要試著成為或是進入某個角色。但是，要怎麼樣才能達到這目標呢？

「史坦尼體系」的寫實表演方法

十九世紀的俄國導演史坦尼斯拉夫斯基根據他個人與劇團的舞台實踐經驗，發展出一套訓練演員的方法，幫助演員揣摩並詮釋角色。這套方法被後人稱為「史坦尼斯拉夫斯基體系」，中文有時簡稱為「史坦尼體系」。部分方法經過調整之後，到現在仍常被運用在戲劇表演的教學裡，其中之一就是要求演員撰寫角色自傳。

為什麼要為劇中的角色寫自傳呢？這是因為任何一個角色雖然在舞台上出現的時間長短不一、戲份重量各不相同，但他們都是各自有著完整生命的人。每個角色在舞台上所展現出的言行舉止、思想觀念、價值判斷等，都是其人格特質的一部份。也就是說，演員在詮釋一個角色時，必須先盡可能充分瞭解他的人格全貌，才能判斷他為什麼在劇情的某個片段會呈現出某種情緒，或是在遇到某些情境時會做出某些特定的反應。

接受「史坦尼體系」訓練方法的演員，在被導演要求撰寫角色自傳時，必須設想角色的一生經歷，包括創傷、成敗經驗、喜怒哀樂等。演員在撰寫自傳時所設想的生平內容越仔細，就越能充分理解這個角色，不管是一舉手一投足，或是意見與情感的表達等等，都是他整體生命的一部分呈現，舞台則是他生命歷程裡的一個片段。

「史坦尼體系」演員訓練方法最大的優點之一，就是讓每個舞台上的角色顯得有血有肉，如同現實生活中的你我一樣自然。正因為演員使用各種方法去設想角色的生命歷程，以致於很容易在排練或表演的過程中，讓自己與角色幾乎合為一體，徹底進入了這個角色的生命。

反過來說，演員與角色之間若是難以切割，有時候倒未必純粹是表演方法的問題，而涉及到演員本身的情感投射，這就是另一個議題了。

戲劇是以劇作家為中心，或是以演員為中心？

「史坦尼體系」的表演方法，之所以會在十九世紀晚期的西方戲劇舞台出現，並且影響了很長一段時間，原因之一是為了抗拒十七、十八世紀以降的表演方法。在十九世紀的寫實主義蔚為風潮以前，西方戲劇以詩行為表現形式，或是特別講究情節的巧合及語言的趣味，整體而言更注重劇本的文學價值。在這樣的情況下，劇作家的光芒很容易超過一切，演員最重要的工作乃是完美演繹劇作家的文學成就，讓劇本文學的美好更為觀眾所欣賞。這當然不是說演員不重要，也不是說演員只要站上台當個讀稿機就可以打發一切。事實上，正因為演員充分運用他們的聲音、表情或氣質，才能讓劇作家精心營造的文字有效轉化為舞台上的美好時刻，讓戲劇從閱讀的文本成為視覺與聽覺的藝術饗宴。

上述這種十七、十八世紀的戲劇觀念既然是為了彰顯劇作家的文本價值，那麼表演的第一要務就未必是要發展演員本人與角色之間的關係，而是要讓觀眾注意到劇作家怎麼醞釀詩歌、怎麼樣寫出角色內心衝突，或是怎麼樣鋪排劇情的環節。戲劇學者有個說法是，當時演員演戲幾乎只有上半身在演，下半身都是不動的。這話不免帶點兒玩笑成分，但也或多或少說明了當時演員的表演有「讀劇」的味道，以文本為主，一切的表演都是為了讓劇本台詞更好地被聽到。

劇作家一定是戲劇製作過程裡最關鍵的人物嗎？難道演員的存在只是為了服務劇作家的文采嗎？這倒也不見得，因為在不同的時代或文化背景下，對於演員的期許或需求各自不同，因此也就影響了劇作家和演員之間的互動關係。

獨挑大樑的演員

以中國十四、十五世紀的戲劇為例，當時發展出來的「雜劇」有個重要特點，就是每一齣戲通常只有一個演員演唱。之所以需要演唱，這是因為中國古代的戲劇融合了歌舞和故事，常以淺顯的語言來說明劇情，而在需要強調情感表現的地方，就會採用演唱的方式，讓觀眾更能夠被戲劇氣氛所感染。

但是，由於當時劇團的規模不大，一個團裡未必有辦法找到那麼多足以擔綱演唱任務的演員，於是逐漸發展為一人主唱的表演模式，僅有少數情況例外。大段的演唱很能吸引觀眾注意，因此擔任演唱工作的演員，常常就是劇團的台柱。在大多數情況下，若劇團裡負責主唱的是男演員，那麼就會演出以男性為主角的劇碼。若是女演員主唱，那麼自然就得演出女性為主角的劇碼。

雜劇裡的男性角色稱為「末」，女性角色則稱為「旦」。以「末」來演唱的劇本稱為「末本」，以「旦」來演唱的劇本稱為「旦本」。這樣的分類法，跟希臘戲劇很不相同。希臘戲劇有「悲劇」、「喜劇」的分別，這是根據劇情的主旨與思想來區分的，連帶也影響了劇本寫作形式。然而，雜劇的分類則是根據演員所演出的角色屬性來區分。

一人負責全劇的主唱，的確可以解決劇團表演人力不足的問題，但也會衍生其他狀況。比方說，若是一齣雜劇劇本裡不只一個男性角色，那麼劇團裡負責演唱的男性演員，可能得在不同分幕裡扮演不同的角色。

紀君祥原著的《趙氏孤兒》就是一個例子。這齣戲的故事大意是說奸臣屠岸賈殺害趙家滿門忠良，幸虧醫生程嬰犧牲自己的親生兒子，保住趙家遺孤。二十年後孤兒長大成人，真相大白。趙氏孤兒將屠岸賈就地正法，完成復仇使命。

《趙氏孤兒》這齣戲裡有大量的男性角色，女性角色只有孤兒的母親和程嬰的妻子兩名，且出現的時間短暫，沒有太深入的刻劃與表現。如果全劇從頭到尾的唱詞是由一名男性演員負責演唱，那麼他應該扮演哪個角色呢？再說，這齣戲裡相繼有人為公理而付出生命代價，有哪個角色可以從頭貫串到尾呢？劇本為了讓情節更加合理，也為了配合演員的編制，所以我們會看到「末」先後扮演守門的忠義大將軍韓厥、為保全孤兒而壯烈犧牲的老臣公孫杵臼，以及長大後為趙家復仇的孤兒。

為什麼同一齣劇裡可以容許同一個演員陸續扮演不同角色呢？難道上場、下場之間，看戲的觀眾和演戲的演員不會覺得錯亂嗎？

戲曲裡的「行當」概念

這裡涉及一個戲曲表演的重要觀念，就是「行當」。前面提到的「末」、「旦」都是行當的其中一種，今天我們常說的「生旦淨丑」也都是行當。我們不妨把「行當」理解為角色類型的概念。比如說「旦」這個行當（簡稱為「旦行」），就是女性角色的集合體，而「旦行」裡又可以再根據角色的性格或表演特色細分。依此類推，「生行」這個範疇裡有好幾種不同的男性角色類型，老一點的叫「老生」、年輕一點的叫「小生」，負責武打的叫「武生」等等。

戲曲演員在學習表演時，並不是像「史坦尼體系」的訓練方法那樣，直接讓演員本人進入角色，而是多了一道程序，是要先學習各個「行當」的表演方法和技巧。藉由反覆學習這個「行當」裡的表演技巧，演員才得以進一步去揣摩並詮釋屬於這個「行當」的各種角色。

也就是說，如果戲曲演員要演出某個女性角色，例如代父從軍的花木蘭，或是醉酒的楊貴妃，首先並不是直接模仿花木蘭或楊貴妃，而是要先根據這些角色所屬的「行當」，來決定應該運用哪些可行的表演方法與技巧來予以詮釋。我們把這個概念套用在上述《趙氏孤兒》的例子裡就可以知道，一名演員首先要精熟他所屬的「行當」表演方法與技巧。在這基礎之上，他可以藉助各種行當專屬的技巧去創造出不同的角色。

隨著時代演進，戲曲行當的分工與表演方法也越來越細緻。到了十六世紀興起的崑曲，或是十九世紀晚期起獨領風騷的京劇，對於行當有越來越多的要求，表演的技巧也不斷提升，成為重要的世界文化遺產。

從演員到角色：什麼才叫「像」？

聽起來是不是有點複雜呢？簡單歸納一下，就是源自西方寫實戲劇的「史坦尼體系」，嘗試讓演員在舞台上等同於他所扮演的角色，而戲曲的表演方法，則是讓演員和角色之間還多了一個行當的概念。

當然，西方的表演方法不是只有「史坦尼體系」，十四～十五世紀的義大利專業喜劇（commedia dell'arte）也有近似於「行當」的角色類型概念。不論哪一種體系的表演方法，我們都可以注意到以演員為核心的劇場觀。在演員的訓練方面來說也好，在舞台的呈現方面來說也好，都反覆思考並檢驗演員與角色之間的關聯性。

演什麼、像什麼，這是我們一般觀眾看戲時對演員的期許。但究竟要「像」什麼？是能以假亂真，成功複製他所扮演的角色？還是反覆錘鍊，忠於演員所學習的行當，以便充分掌握角色類型的氣韻？這些或許都沒有標準答案，但究竟如何才能充分表現角色，讓角色更有說服力、感染力，一直是戲劇演員念茲在茲的努力追求。

05

CHAPTER
第五章

導演是
現代劇場的靈魂

《暗戀桃花源》是台灣現代戲劇的代表作之一。故事採用「戲中戲」的方式，講述兩個劇團各自準備上演名為《暗戀》與《桃花源》的戲劇，一悲一喜，卻因為劇院檔期衝突，不得已只好同台排練，因此鬧出許多令人啼笑皆非的情境。

《暗戀桃花源》劇中有個角色，是負責排練《暗戀》這齣戲的導演。他把自己年輕時的情感投射在《暗戀》的故事裡，不斷追憶自己逝去的青春與愛情，以致於排練現場的年輕演員無論怎麼努力表現，他都覺得不滿意。他一再要求演員重來，有時氣急敗壞大罵現場工作人員，有時卻又突然陷入苦思，琢磨著如何讓舞台呈現更貼近自己的要求。

從詮釋角度到風格建立

上述這段關於導演與排練現場的描述，或許是不少人對於劇場導演的印象與想像。且不論每齣戲的排演過程是否有著共同的模式，但現代劇場裡決定戲劇作品樣貌的靈魂人物，的確常常都是導演。

同樣一個劇本交到不同導演手上，往往在舞台上呈現不同的效果。原因在於，每個導演對於劇本都有自己的解讀方式和切入角度，或是特別想要凸顯的人物心情、劇情重點等等。因此從排練初期開始，不論是演員的挑選、表演方法與情緒表達、舞台走位與劇情節奏、說話的速度與音調、佈景與燈光的表現、音樂風格或是服裝的材質與色澤等等，每一處鉅細靡遺的劇場元素，都必須得到導演的認可，並且在導演的統籌之下，整合為一齣風格統一的作品，最終落實到舞台上，成為觀眾實際看到的演出。

當然，導演本人不需要親自處理每一個小細節，而是會通過劇場分工，讓專業的設計師、藝術家、表演者各司其職。他們根據導演的要求與概念，將各自負責的部分完成，再交由導演來定奪是否合用。

也就是說，導演最主要的工作就是詮釋，提供一個他認為可以體現劇本精神的角度和方式，通過各個劇場工作環節的合作與搭配，在舞台上賦予劇本生命，繼而在美學表現上有所成就。不同的導演有不同的詮釋方法，也有不同的工作模式。同一個劇本因此可以藉由不同導演之手，在舞台上展現不同的風貌。

統整全局的力量

中文的「導演」一詞，聽起來有主導一切的意味。英語把導演稱為「director」，也強調導演職務的重要功能乃是要引領全劇發展。法語裡的導演叫作「metteur en scène」，字面上的意思是說導演需要調度舞台上發生的一切，協調整合各個不同的任務環節。不管是居於主導者還是協調者的位置，導演一職在現代劇場裡必須能有效統整全局。

在戲劇漫長的歷史裡，導演一職出現得很晚。大約要到十九世紀後期，歐洲各國的劇場裡才出現專門負責導演工作的人，並且逐漸發展出一套導演方法，進而成為一項專門的藝術。

十九世紀以前的戲劇演出，大部分時候是由演員來決定呈現方式。特別是某些知名的演員，會希望在舞台上展現出自己最精彩的那一面，以致於他們常會運用各種方法讓自己更讓觀眾印象深刻。若是用我們今天的觀點來看，會覺得某些演員彼此之間的風格未必協調，雖然他們可能各自都相當精彩。

過去有些劇團人員的工作跟現代的導演有點類似。比方說負責提詞的人，他會根據劇本的指示或需求，提醒演員該走到什麼位置、該表現出什麼樣的情緒等等。不過這樣的工作性質多少有點像是劇場或演員的幫手，與今天統攝全局的導演職務還是很不一樣的。

導演與其他劇場職務的同與不同

莎士比亞時期的戲劇演出，演員通常不會在事前得到整齣戲的完整劇本，而只會拿到寫有自己台詞的片段。在這種條件限制下，演員究竟什麼時候該上台，什麼時候要跟誰互動，什麼時候得走到哪裡，又得從哪裡離場……諸如此類的問題，就得靠提詞人在一旁提醒。不過，提詞人的工作是讓劇本順利進行完成，避免演員在戲劇演出過程中漏詞、忘了上台或下台等尷尬的場面出現。至於其他林林總總關於舞台演出的問題，例如講話的風格、走位的態勢、角色的情緒轉換和互動關係等等，則未必跟提詞人有直接關聯。

有些劇作家同時身兼演員，例如十七世紀法國劇作家莫里哀，不但自己創作喜劇，並且演出自己筆下的角色。一定程度上來說，劇作家應該是最瞭解自己劇本的人，所以只要他有足夠的表演技巧，理論上可以充分表現劇中人物的性格和情感。但也有另一種可能，是劇作家受限於自己的觀點與經驗，有時候未必注意到劇本最能與觀眾產生共鳴之處，也未必會看到其他的解讀可能。

無論是以劇作家為中心，抑或是演員為中心的劇場演出，有時候似乎少了那麼一個人可以統整全局，而這就是導演的工作了。導演既像是個局外人，可以清楚判斷文本與舞台之間的搭配需求，又像是個局內人，因為他的觀點決定了整齣戲的詮釋方向。

誕生於寫實卻又常常反叛寫實

導演之所以成為一門專責職務，與寫實主義的發展有密切關係。致力於寫實主義戲劇的藝術家們，往往期望在舞台上展示出宛如生活一般真實的場景。劇作家的強項在於文字經營，未必能駕馭舞台表現所需的每種元素，而如果讓演員們各自憑藉自己喜好與想像去發展，又恐怕讓整齣戲成為風格大雜燴，毫無真實感可言。

於是，十九世紀晚期的歐洲戲劇舞台上逐漸有了擔任「導演」一職者：法國自由劇場的安端、俄國的丹欽科，或是德國的薩克斯曼寧根公爵等，被視為是現代導演藝術的奠基者。其中，丹欽科在莫斯科藝術劇院與史坦尼斯拉夫斯基、劇作家契訶夫密切合作，逐漸發展出一套統合文本、表演和導演的方法，帶給後人諸多啟發。

導演職務的出現雖然與寫實主義戲劇有關，但隨著二十世紀各種戲劇浪潮的出現，導演的工作並不僅限於寫實戲劇。相反地，許多導演竭盡心力探問劇場藝術本質，重新解構、組合或拼貼劇本，讓戲劇不只是文字的文本，而更像是空間的文本。導演就好像是利用劇場空間展示其意念的藝術家，舉凡劇作家的文字、演員的身體和聲音、各個環節的設計成果等等，都是提供導演用來創造劇場空間美學的元素。

導演是空間文本的書寫者

有時候在英文裡，人們會特別區隔「戲劇」（drama）與「劇場」（theatre），將「戲劇」視為劇本的文字文本，而在強調戲劇作品的演出時則更喜愛用「劇場」一詞。這雖然只是語言表述的習慣，但也或多或少反應出二十世紀以後的戲劇演出，往往更加注重空間感及其表現方式，而未必只關注戲劇文本。可以說，二十世紀後半期以來的戲劇幾乎等同於導演的藝術。

我們在前面幾章曾經談到彼得布魯克的「空的空間」概念。這位原籍英國，後來以巴黎為創作根據地的劇場導演，終其一生都在探索劇場空間的意義與運用。早在一九七〇年代，他所導演的莎劇《仲夏夜之夢》即已嘗試突破寫實戲劇的框架與限制，充分運用到劇場內的每一個空間。彼得布魯克導演的作品往往不特別強調舞台布景，而是盡可能讓觀眾感受到演員的聲音與肢體所散發出的能量，以及劇場空間的存在感，凸顯戲劇與其他影視媒體不同之處。劇場並不只是一個提供念台詞的地方，而是可以讓觀眾感受到戲劇正在發生、確實存在的空間。

美國導演勞勃威爾森的劇場空間運用方式則可以「意象」一詞概括。在他的導演作品裡，演員、舞台、燈光、聲音等等元素都只是構成「意象」的一環。勞勃威爾森的「意象劇場」裡，演員的一舉手、一投足似乎都只是一個通過身體表現的符號，在導演充滿巧思的拼貼之下，讓舞台上的戲劇作品呈現出視覺與聽覺的流暢美感。雖然不免有人批評勞勃威爾森的導演風格稍顯強勢，但許多知名演員都曾與他合作，包括法國演員依莎貝拉雨蓓，或是台灣京劇藝術名家魏海敏女士等。某方面來說是演員屈就於導演所掌控的主導權，但也不妨可以視作導演充分運用演員身體，創造劇場意象。

有些導演喜愛採取集體創作的模式，通過劇團成員共同腦力激盪，反覆嘗試與修訂，逐漸發展出完整的戲劇作品。我們在本章一開始提到的《暗戀桃花源》，就是導演賴聲川帶領劇團成員一起發展而來。導演不但像是舞台演出的總指揮，同時也是引導劇本完成的核心人物。位於巴黎近郊的法國陽光劇團，在導演莫努虛金帶領之下，一群工作夥伴以劇團為家，共同生活、共同排練、共同發想演出創意，甚至一起參與社會運動，將戲劇實踐落實到日常生活之中。每逢演出期間，觀眾可以在劇場近距離看到團員們化妝準備上台，也可以在開演前嘗到團員們親手製作的餐點。這並不是特別安排的噱頭效果。事實上，動手做飯、整理劇場或者演出排練，這些都是團員生活的一部份。作為劇團導演的莫努虛金，並不只是將才華發揮於舞台上，而是藉著他所領導的戲劇實踐方式，從日常生活到劇場空間，與劇團成員共同創造出獨樹一格的藝術風格。

不論是哪一種工作模式、哪一種美學風格，劇場導演通過明顯且具體的詮釋觀點，進而主導並統合舞台呈現的各種元素。導演工作幾乎決定了現代劇場製作的成敗與否，也一再挑戰並改寫我們對於空間、對於文本的各種思維與想像。

06

CHAPTER
第六章

希臘戲劇：民主的公眾論壇

當你仰望滿天星空，腦海中浮現了什麼？是眩惑於夜空的璀璨，還是隨著廣闊的天際，讓思緒隨著古往今來的哲理漫遊？詩人余光中先生在詩作《重上大度山》裡寫道，「星空，非常希臘」。然而希臘的天空，究竟是什麼樣子？

距今兩千五百年前的希臘人，憑著豐富的想像力，在夜空繁星之間，勾勒出許多英雄與神祇的神話故事。不管是盜火以啟迪人類文明的普羅米修斯，或是守護城邦的雅典娜等等，他們豐富了希臘人的精神文明，也點亮東西方人類歷史上的光明時代。

在劇場中仰望天空，在酒神祭典裡演出戲劇

古代希臘的劇場，就是一個可以仰望天空的地方。不過演出並不是在深夜星空下進行，而是充分利用白天的光線。希臘劇場是露天形式，依山坡而建，座位拾階而上，可以容納大約一萬五千名觀眾。舞台呈圓形，兩側有通道可供演員上

下場。舞台底部（也就是觀眾視線前方的底端）有個存放戲服或面具的空間，後來逐漸演變成類似佈景的功用，或是在舞台之外擴充為演員表演的區域。這裡所謂的佈景，只是一片牆面，有時開了幾扇門窗可以讓演員進出。它並不是配合劇情需求而繪製，跟我們今天的舞台佈景概念不是同一件事。

我們在第一章曾經說過，英文「戲劇」（theatre）一詞源自希臘文，原意是「觀看的地方」。許多公共區域都可以是「觀看的地方」，例如廟宇前方空地、市集裡有人群聚集的地方等。在古代希臘的劇場裡，「觀看的地方」指的就是依山坡而建的觀眾席。至於面對觀眾席的圓形表演區域，希臘文叫做「orkhestra」。這個字沿用到今天的英文裡拼寫成orchestra，用來指稱劇院舞台前方的樂團演奏空間，中文稱為「樂池」。從以上幾個例子就可以看出，許多我們對於戲劇的觀念，乃至於戲劇所使用的詞彙，都是源自希臘時代。

希臘人為什麼對戲劇這麼熱衷呢？主要原因跟酒神祭典有關。酒神的名字是戴奧尼索斯，傳說祂是天神宙斯與凡間女子所生，一度遭到殺害卻又奇蹟復活。

這種再生的力量，呼應了古代人們對於四季更替、生生不息的期許和想像。尤其希臘以種植葡萄為主要農業活動，酒神遂演變為農業的守護神。希臘各地也逐漸發展出酒神祭祀習俗以及節慶活動，戲劇演出則是酒神祭典裡不可或缺的環節。

以希臘最主要的城邦雅典為例，一年之中共有四個名稱與規模各異的酒神節，其中以三月底舉辦的酒神節最為盛大，不但有本地人參與，也吸引諸多異邦人士前來，熱鬧非凡。西元前五三四年的酒神節創立了「公羊歌」競賽，據說是悲劇的起源。自此之後，幾乎每年都會舉行競賽，以紀念酒神的名義，一年一度在戶外演出。

悲劇的起源、演出與社會功能

我們無法確切考察「公羊歌」的表演內容與方式，但可以確定的是，這項競賽逐漸被固定下來，成為悲劇演出競賽，是酒神節的重點節目。除了悲劇之外，後來又漸漸加入其他歌舞、喜劇類型競賽，使得酒神節有著濃厚的戲劇與表演氣息。由於悲劇競賽提供頗為豐厚的獎金，讓許多作家投入創作，在作品中時常表達出自身或同時代人的思想與體會。

酒神節的演出活動大約持續五到六天，其中有三天是每天演出一位作家的三齣悲劇作品。三天下來，觀眾等於可以看到九齣悲劇。在演出悲劇的時段之外，還有一些半獸半人劇、酒神歌舞演出。喜劇演出的時間比較不固定，有時候是一天之內演完，有時候是分散在不同的日子裡。

悲劇跟喜劇最大的差異，主要來自於題材與內容思想。今天我們閱讀希臘悲劇，仍然能夠從中激盪出許多有關個人生命的哲思，但在閱讀喜劇時卻常會遇到理解的困難，原因是喜劇常常取材自現世生活的諷諭，等到時過境遷，我們不見得能夠掌握當時的時事脈絡與嘲諷對象。儘管如此，有些希臘喜劇在今天依舊發人深思並且逗趣。例如亞里斯多芬尼的喜劇《利西翠妲》，內容描述一群女性為了表達她們對於戰爭的不滿，因此集體抵制男性對她們的欲求，藉此逼迫好戰的男人們在沙場休兵，故事既諷刺又詼諧。

雖說有些戲劇的主要角色是女性，但是希臘時代的演員都是由男性擔任的。所幸希臘戲劇裡的演員都會戴上面具，如此一來，就不需要在乎演員原本的生理性別，而可以自由切換為男性或女性的戲劇角色。戴上面具表演還可以解決演員人數不足以對應到戲劇角色的問題。原因是通常每一齣戲劇只有三個演員演出，但劇中角色可能遠遠不只三個。若是演員戴上面具表演，就可以輕易轉換角色，而不至於讓觀眾感到混淆。另外，由於戲劇演出是在節慶期間，且希臘戲劇裡少不了神祇的角色，戴上面產生某種儀式效果，讓演員看起來暫時跳脫世俗凡人的樣貌。

除了演員是由男性擔任之外，希臘戲劇的觀眾主要也都是男性，而且是十八歲以上具有城邦公民身份的男性。這群觀眾不但享有看戲的權利，同時對於公共事務也有投票權力，在一定程度上決定了城邦的政策。

正因為如此，能夠吸引希臘觀眾的戲劇，常常在內容上反映城邦公民的想法與意見。想想看，如果你是一個劇作家，要讓自己的劇本在一、兩萬個城邦公民面前演出，又要贏得他們的認同與喜愛，那麼就不免會在劇本中帶出一些足以激發觀眾共鳴或對話的觀點。希臘戲劇之所以帶有公共事務論壇的性質，與它的演出方式與社會環境有著密不可分的關係。

在希臘悲劇裡，除了演出主要角色的演員之外，還有一群名為「歌隊」的演員，人數不等，少則十餘人，多則達五十人。這群歌隊演員有時用唱的，有時用說的，並且在劇情段落之間搭配舞蹈表演。台詞內容可以是戲劇情節概述，向觀眾說明事件的前因後果，也可以是與劇中角色對話，提供他們建議，或是質疑他們的決定等等。

歌隊有時說出劇中角色內心的糾結，有時又似乎代表現場觀眾提出他們的疑問與想法。所以，希臘人在觀看戲劇演出時，彷彿是參與一場公眾意見的交流會議。雖然觀眾並沒有直接跟劇中角色及歌隊問答互動，但藉由劇情的推展與台詞的針鋒相對、你來我往，觀眾在劇場裡就像經歷了一次又一次的思辨。

探問生命的意義：
希臘三大悲劇家與他們的作品

希臘悲劇的數量眾多，超過一千多齣，可惜流傳至今的只剩下三十多齣。今天我們能讀到的希臘悲劇，都是西元前五世紀的創作，出自三位雅典的悲劇作家，按創作年代先後排序是艾斯奇勒斯、索福克里斯和尤里庇德斯。

艾斯奇勒斯的《奧瑞斯提亞》三部曲以家族復仇的故事線展開，劇名取自男主角的名字奧瑞斯提。奧瑞斯提的父親阿葛曼儂為了戰爭勝利，不惜犧牲親生女兒性命，將其獻祭給天神。在阿葛曼儂外出征戰時，奧瑞斯提的母親與阿葛曼儂的堂弟（也就是奧瑞斯提的堂叔）發生了不倫之戀，繼而聯手殺害凱旋歸來的阿葛曼儂，並且篡奪王位。奧瑞斯提為了家族榮譽與正義，終結了母親與叔叔的性命。

但是問題來了：難道為了替親生父親報仇，就可以把自己的親生母親給殺害嗎？如果一報還一報，那麼冤冤相報到何時才終結呢？男主角是否應該為他殺害母親而付出自己的生命代價以償還呢？奧瑞斯提被「復仇三女神」的力量追逼到天涯海角，終於抵達雅典娜女神的神殿。劇中雅典娜邀請十二位雅典公民對此案進行投票，而這一段情節常被視為是西方民主思潮的具體表現。

索福克里斯的《伊底帕斯王》涉及弒父娶母情節。男主角伊底帕斯王雖然知道神諭難違，卻仍不顧一切奮力與之對抗，期望能憑藉人為努力以扭轉命運。儘管最後伊底帕斯王還是沒能改變既定的命運，但他的人物性格所展現出的崇高氣度、通過戲劇詩行所鋪陳的情節跌宕，卻讓其精神不朽，成為悲劇英雄的表徵。

《美蒂亞》則出自尤里庇德斯之手，故事講述男主角傑森為了攀附權位，不惜另結婚盟，拋棄曾幫助他度過政治難關的妻子美蒂亞。美蒂亞懷恨在心，因而密謀復仇大計。她不但假獻婚袍為賀禮，施法燒死傑森的新歡，並且不顧骨肉親情，狠心殺死自己跟傑森生下的兩個小孩，藉此折磨傑森。美蒂亞的兇殘起因於她被丈夫狠心拋棄，最後她卻搭乘太陽神的馬車一走了之，留下傑森與眾人陷入無限的驚恐與錯愕之中。這齣作品關注女性在愛情與婚姻中的地位，在二十世紀有許多影視、跨文化版本的改編，例如台灣的當代傳奇劇場就曾在一九九三年將它改編為《樓蘭女》，成為台灣現代劇場的代表作之一。

希臘戲劇的演出與公民社會息息相關，且有諸多創作者投入，讓希臘時代的戲劇展現輝煌成就。亞里斯多德的文藝理論名著《詩學》，就是以悲劇為研究對象。他指出悲劇有六大要素，分別是情節、角色、思想、文辭、音樂旋律、戲劇景觀。對亞里斯多德來說，戲劇演出通過情節的推進，讓人物與故事行動相對集中，可以使觀眾在較短時間內得到情感的抒發，而且戲劇演出還有音樂、表演等，讓它更勝於史詩之類的講述形式文學。根據亞里斯多德的分析，悲劇可以讓讀者與觀眾從中感到「悲憫」與「恐懼」，進而產生「淨化與洗滌」的效果。這種衡量悲劇的美學標準，在往後的兩千多年裡，仍然深深影響著西方文學。在西方的文學傳統裡，戲劇（特別是悲劇）在很長一段時間裡，代表著文藝作品的最高成就。

第六章——希臘戲劇：民主的公眾論壇

07

CHAPTER
第七章

環球的莎士比亞

To be or not to be? That is the question. —— 這句英文沒有生難單字，卻是英國文豪莎士比亞最經典的台詞之一，出自悲劇《哈姆雷特》男主角的獨白。「To be or not to be」，句子看起來簡單，但翻譯起來卻有一番學問。例如朱生豪翻譯為「生存還是毀滅？」，梁實秋則翻譯為「死後還是存在，還是不存在？」。仔細玩味，便可感受到兩個中文譯本的意境不盡相同。從這個例子我們便可以知道，歷來對於莎士比亞劇本的見解與詮釋，可說是百家爭鳴。甚至世上是否真有莎士比亞這個作者，抑或只是一個化名，都引起許多考據和爭論。而這一切的一切也說明，直到二十一世紀的今天，莎士比亞仍然「is the question」（是個值得思考的問題）。莎士比亞不僅是英國文學的代名詞，更是影響力遍及全球的文化現象。

題材包羅萬象，劇本為舞台演出而寫

今天我們可以讀到的莎士比亞劇本，共有三十七個。內容包羅萬象，說盡人生百態，反映世態冷暖。有悲劇，有喜劇，還有一系列以英國與歐洲歷史為題材的歷史劇。

莎士比亞之所以嫻熟劇本寫作，主要原因是他親身參與劇場演出實務。十六世紀末，莎士比亞本人所帶領的劇團正好在名為「地球」（Globe）的劇院演出。「地球」劇院位在倫敦泰晤士河南岸，建築外觀呈八角形。如同當時大部分的劇院一樣，「地球」劇院是半露天結構，自然光線可從劇院中間的天井照射進來。劇院大約可以容納三千名觀眾，共分三層，環繞著舞台三面而坐。舞台底部有兩到三層高的樓房，提供劇情需要使用。舞台地板上則設有所謂的「陷阱」，可供演員開啟或藏身之用。例如《哈姆雷特》第五幕有掘墓人的情節，演出時可以打開陷阱門，讓舞台地板看起來好像凹陷一塊，讓演員置身其中，營造出墓地掘墳的景象。

莎士比亞也是位優秀的詩人，以「十四行詩」體裁的作品聞名於世。例如他最有名的詩作之一，將喜愛的人比作夏天，想像對方美好的容顏如燦爛夏日永無褪色之時，並藉此讚頌詩歌不朽的文學力量。正因為莎士比亞是位語言生動、意象鮮活的詩人，所以他的劇本讀起來帶有豐富的節奏與律動感，又充滿生命力。英文裡的「詩人」一詞叫「bard」，但是當這個字大寫成「Bard」的時候，則是專指莎士比亞，由此可見他在讀者心目中的文學地位了。

莎士比亞雖然以十四行詩聞名於世，但他的劇本卻是用「無韻詩」寫成。簡單來說，莎劇每行的音節結構是固定的，但通常不需要押韻，所以如詩一般琅琅上口，卻又不失戲劇台詞的自然。例如《羅密歐與茱麗葉》裡，年輕的男主角對女主角吐露真情，說道「憑着這一輪皎潔的月亮，它的銀光塗染着這些果樹的梢端，我發誓——」。話還沒說完，女主角便搶著阻止他，「啊！不要指着月亮起誓，它是變化無常的，每個月都有盈虧圓缺；你要是指着它起誓，也許你的愛情也會像它一樣無常。」

羅密歐接著問，「那麼我指着什麼起誓呢？」

茱麗葉回答，「不用起誓吧；或者要是你願意的話，就憑着你優美的自身起誓，那是我所崇拜的偶像，我一定會相信你的。」

上述這段譯文出自朱生豪先生。朱生豪是二十世紀前期的知名莎劇翻譯家，雖然語言風格跟我們今天習慣的口語有些微差異，但我們還是可以藉由他的譯文，或多或少感受到莎劇原文的節奏感，以及莎劇自然且帶有詩情的語言。

在戲劇裡看見生而為人的價值

《羅密歐與茱麗葉》的故事，起因於兩個一見鍾情的少年男女，由於彼此家族世仇而無法公開交往。茱麗葉假服毒藥，讓眾人誤以為她已死去並為其安排葬禮。茱麗葉原本打算在她清醒之後，可以與羅密歐私奔。但羅密歐親赴茱麗葉葬禮並見到她「死去」的景象，不能忍受內心傷痛，因而服毒自盡。待茱麗葉醒過來後，看到死在一旁的羅密歐。她不願獨自活在世上，便舉劍自我了結性命。這齣戲劇常被後人當成浪漫愛情的代表作，但從情節鋪陳來看，羅密歐與茱麗葉的相戀與殉情其實來自一連串的巧合與誤解，而未必完全與崇高的生命體悟有關。所以《羅密歐與茱麗葉》雖然是齣悲劇，但後人在談到莎士比亞的「四大悲劇」時，並沒有把這齣少男少女的戀愛故事列入。

《哈姆雷特》、《馬克白》、《奧塞羅》、《李爾王》是一般所說的莎士比亞「四大悲劇」。這四齣悲劇涉及政治、性別、愛情等方面的權力，主角往往努力為生命的難題找出解決之道，卻又掙脫不了個人性格或外在環境的限制，終於落入無法收拾的困境，死亡遂成為唯一的結局。例如，哈姆雷特將父王之死歸咎於母親與叔父的私情與密謀，因而一心想為父報仇。但他卻又在反覆的自我質疑與猶豫之間延誤許多機會，最後在宴席上的決鬥被毒劍刺中身亡，母后也因誤飲毒酒而死。

馬克白將軍在他的夫人勸誘之下，謀殺君王與同袍，奪取權位。原以為高枕無憂，卻因良心不安，始終看見被他殺害的冤魂幻影。馬克白夫人也因無法入眠，夜夜夢遊，反覆搓洗雙手，妄想洗淨沾染鮮血的罪孽。劇中受到政治野心驅策而一路奪權的馬克白，最後雖然敗於對手的大軍，但他本身試圖排除萬難，為了權力而不顧一切的心態，則不免讓我們感到疑惑：究竟政治權力的高峰代表什麼？為什麼可讓英雄競相折腰？

相對於竄奪王位的馬克白，年邁的李爾王則是要將富饒的國土分給三個女兒。原本他最疼愛的小女兒，只因不願以甜言蜜語諂媚父親，以致於家產都落到大姐和二姐手中。李爾王原以為可以安享天年，卻不料被大女兒和二女兒逐出，剝奪一切財產與政治權力，最終流落荒野，再見到心愛的小女兒時，已是她斷氣之際。李爾王空嘆世間無常，卻已於事無補，只能用餘生追悔一切。

《奧塞羅》的主角跟馬克白一樣是位軍官。不同於馬克白的是，戰功彪炳的奧塞羅有位年輕貌美且單純善良的妻子。但他生性多疑，終讓下屬伊阿果乘虛而入，故意製造奧塞羅妻子出軌的假象，使奧塞羅誤以為妻子與其他軍官有染，最後親手勒死愛妻。該劇不但涉及政治與愛情，也因為男主角奧塞羅是位非洲裔摩爾人，使得這齣戲在今天看來，又多了些種族與膚色的議題可談。

上述這四齣悲劇，都涉及了人的身份與認同問題。在這個複雜多變的世界裡，人究竟該怎麼樣自我定位？面對現實生活裡的身份與處境，該怎麼做才是對的？有沒有什麼標準可以幫助我們衡量所作所為？人應該堅持的是什麼？是榮譽的維護，是權力的鞏固，是親情的不可動搖，還是不摻一絲懷疑的信任感？莎士比亞通過一齣又一齣的悲劇，讓我們看到人之為人的價值。人並不是完美無瑕，人都會犯錯，且常常會因為犯錯而導致無可挽回的後果。但難能可貴的是，不管身處什麼樣的局面，人總要在自我的軟弱與缺點之中，用盡一切可能的方法，去正面迎擊如同戲劇一般的人生。

世界一舞台，戲劇是幻影也是人生

莎士比亞在好幾個劇本的台詞裡，都有類似「人生如戲」的概念。例如《馬克白》劇末，男主角眼看大勢已去，不免悠悠感嘆：

「明天，明天，再一個明天，一天接著一天地躡步前進，直到最後一秒鐘的時間；我們所有的昨天，不過替傻子們照亮了到死亡的土壤中去的路。熄滅了吧，熄滅了吧，短促的燭光！人生不過是一個行走的影子，一個在舞台上指手劃腳的拙劣的伶人，登場片刻，就在無聲無息中悄然退下。」

此外更有名的，則是出自喜劇《皆大歡喜》：

「全世界是個舞台，所有的男男女女不過是一些演員；他們都有下場的時候，也都有上場的時候。」

為了表現人生不過一場遊戲，莎士比亞常在喜劇裡大玩身份錯認或是角色扮演的情節。例如《仲夏夜之夢》裡，森林裡的精靈把仙王賜予的愛情靈藥滴在熟睡的年輕情侶眼皮上，讓他們醒來睜開雙眼時，愛上第一眼看見的人。原本精靈是希望他們愛其所愛，不料卻陰錯陽差讓四個年輕男女彼此之間愛非所愛，鬧出許多笑話。莎士比亞甚至還在戲裡安排了一個劇團，讓他們排練一齣愛情喜劇。

這種「劇中劇」的手法，常出現在莎士比亞的作品裡，讓全劇情節產生雙線對照的效果，更顯趣味生動。

全球的莎士比亞，人類的心靈資產

莎士比亞可以說是劇場的魔法師。他善用語言，細膩刻劃人物性格，創造出豐富多變的舞台效果。他生平最後一個劇本《暴風雨》，即是以流落海島的魔法師普羅斯貝洛為主角。這位魔法師原本是不諳宮廷內鬥的公爵，被政敵流放到海島，憑藉一本寶典而學會強大的魔法，藉以呼風喚雨，讓精靈為他效勞。有人認為，莎士比亞是這位魔法師的化身，舞台就是他施展法力的場所。在經歷了一生起伏之後，普羅斯貝洛離開奇幻的海島，回到現實世界，就好像莎士比亞從多采多姿、縱情想像的戲劇世界回歸真實人生。只是，正如莎士比亞總在劇中告訴我們的一樣，人生是什麼？戲劇又是什麼？誰又能分得清這中間的界線呢？

二十世紀戲劇學者寇特有本知名著作，標題是《莎士比亞，我們的當代人》。根據寇特的觀點，莎士比亞的戲劇作品裡，總能找到與我們當代共通的精神與元素。今天，我們可以在各種形式的表演中發現莎士比亞的劇本，不斷地被重新詮釋、演繹與改編。從台灣的傳統戲曲，到好萊塢的電影，都可以看到從莎劇改編或啟發的作品。莎士比亞不但是英國的經典劇作家，更是世界上每一個民族、國家所共享的人類文化資產。

08

CHAPTER
第八章

面對最真的現實：娜拉關門離家

一九二四年，現代戲劇《終身大事》在台北大稻埕演出。當時台灣的知識份子對現代戲劇充滿好奇與期待，希望通過新型態、新思想的戲劇演出，普及新的文明觀念。《終身大事》原本刊登在一九一九年出版的《新青年》期刊，作者是中國新文學健將胡適。劇情非常簡單，大意是女主角田亞梅不顧父母的無理反對，執意要與陳先生結婚。最後她轉身離開家門，坐上陳先生的車子，為自己的「終身大事」做出決定。

胡適的劇本讓人很容易聯想到此前一年《新青年》出版的「易卜生專刊」。易卜生是十九世紀晚期的挪威劇作家。《新青年》專刊裡刊載的劇本《娜拉》，是他的代表作之一。女主角娜拉在劇末決定離開先生與小孩，用力關上家門，走向外面的世界。跟《終身大事》不同的是，田亞梅離家是為了追求屬於自己的婚姻，而娜拉離家卻是為了從婚姻裡逃脫。《娜拉》原本的標題是《玩偶之家》，但「玩偶」指的是什麼？「家」又在哪裡？為什麼這麼一齣戲劇作品，會在二十世紀初期的知識份子與觀眾之間造成這麼大的迴響呢？

面對社會，批判現實的易卜生

在易卜生從事戲劇創作的年代裡，歐洲正流行通俗劇、佳構劇一類的戲劇。這些戲劇往往是商業導向，有一定的公式可循，雖然劇情緊湊、高潮迭起，娛樂效果十足，但久而久之也就容易陷入俗套。人們看戲的原因之一固然是為了滿足休閒需求，但如果戲劇總是純粹消費取向，是不是感覺起來少了點什麼呢？易卜生是一位熟悉戲劇情節結構的劇作家，他很清楚怎麼樣可以編出扣緊觀眾心弦的作品。但他同時也很明瞭，世界上有很多不公義的現象需要讓人們知道。出於他對社會的關心，加上他對戲劇編寫技巧的充分掌握，於是誕生了《玩偶之家》以及一系列批判力道十足的寫實戲劇。

之所以「寫實」，是因為易卜生作品裡涉及的許多經濟、社會、政治問題，都是當時真正在歐洲發生的進行式。《玩偶之家》就是取材自易卜生友人的真實故事。為了讓觀眾意識到劇情內容的真實性與迫切性，所以不能再像以前的戲劇那樣沿用固定的服裝造型、舞台裝飾、布景設置，而是要讓觀眾感覺到舞台上發生的一切，正是現實社會裡經歷的現況。戲劇語言方面的要求也跟以往不同。過去的劇本常採用詩行甚至韻文方式撰寫，但易卜生以及同時代劇作家的作品，採用日常口語書寫，讓舞台上使用的台詞聽起來就好像是現實生活裡會聽到的說話方式。

這種對於「寫實」的要求，在十九世紀晚期的歐洲逐漸被劇場工作者所重視，匯集成日後被我們稱為「寫實主義」的戲劇浪潮。寫實主義戲劇關注的人物，不再是神話裡的英雄，也不見得是遙遠國度的浪漫傳說，而更著眼於正在崛起的城市中產階級，或是受到經濟發展衝擊的民眾，使得作品內容相當貼近觀眾所認知的世界。

寫實主義舞台上的「第四面牆」

寫實主義戲劇發展出的重要舞台觀念，是所謂的「第四面牆」。對於坐在劇院座位上的觀眾來說，方形的舞台好像一個鏡框，舞台左、右和上方都有幕，劇情就在被「框」起來的空間進行。這種稱為「鏡框式舞台」的設計由來已久，到今天仍是我們最常見的劇院型態。十九世紀晚期的歐洲劇院，大部分也都是採用鏡框式的舞台。寫實主義戲劇期望在舞台上呈現人生最真實的一面，觀眾似乎是在觀察舞台上發生的一切，舞台上的角色則像是進行著他們真實的生活，而不是在演戲給觀眾看。

如此一來，觀眾席和舞台之間彷彿隔著一道透明無形的「牆」。觀眾隔著這道無形的牆，對舞台上所發生的一切事物一覽無遺；反之，舞台上的演員則彷彿生活在另一個時空，對於舞台以外的世界一無所知。這道「第四面牆」將觀眾的日常現實和舞台上的寫實劇情區隔開來，觀眾與演員之間沒有任何互動，因為任何台上、台下的交流等於是打破了這道無形的牆。這是寫實主義戲劇相當重要的觀念，跟我們先前說過的希臘戲劇、莎士比亞戲劇很不相同。

為什麼這道「牆」是「第四面」呢？原因是鏡框式的舞台上原本就有左、右和舞台底部共三面牆。這道介於觀眾和舞台之間的第四面牆，讓舞台在一定程度上成為封閉的表演空間。我們先前曾說過，導演職務是在十九世紀末、二十世紀初發展起來的。這其實跟寫實主義的潮流也有些關聯，因為若想在舞台上表現出符合現實生活景況的各種細節，那麼就必須有專責的職務來詳加注意並妥善掌控。當然，隨著時代演進，導演可以發揮之處越來越多，今天導演發揮創意之處也就不侷限於寫實主義戲劇了。

《玩偶之家》：幸福家庭的暗流與假象

易卜生《玩偶之家》的劇情以聖誕節揭開序幕。這是西方人年終團聚的時刻，女主角娜拉買了大包小包的禮物，準備讓先生海爾默以及三個孩子度過一個洋溢著歡樂氣氛的假期。娜拉和海爾默結婚八年，但海爾默總是忙著工作，無暇真心瞭解這些生活情趣，以及與他朝夕相處的妻子。特別是最近海爾默剛升遷為銀行高級主管，總是把自己關在書房裡，把經濟成就視為人生的標竿。娜拉的老友林德太太利用假期來訪，希望娜拉拜託海爾默給她個工作，讓喪偶的她可以經濟獨立。需要工作的不只林德太太，還有一位單親爸爸克洛格斯塔。他原本在海爾默工作的銀行上班，最近卻被裁員，生計大受影響，只好前來求情。

隨著劇情推展，觀眾逐漸理解到，原來幾年前海爾默生病期間，娜拉曾經假造過父親的簽名，以便向銀行借款，讓海爾默可以和她一起出國度假療養。當時經手這份假造文件的銀行職員，正好就是克洛格斯塔。他要求娜拉幫助他復職，甚至寫了一封長信，鉅細靡遺向海爾默講述當時經過，藉此威脅海爾默。娜拉知道海爾默絕不可能容許名譽受損，一旦東窗事發，必定危及兩人婚姻與家庭。另一方面，林德太太與克洛格斯塔巧遇，觀眾這才知道原來他們是彼此的舊愛。如今各自經歷過一段婚姻之後又恢復單身，決定再續前緣。克洛格斯塔念及娜拉是林德太太的好友，有意取回寫給海爾默的黑函。然而，林德太太卻認為婚姻裡不該有秘密，海爾默有權知道這一切，更何況娜拉的動機並不是出於自私，而是為了幫助海爾默。

為此，克洛格斯塔再寫了一封信，向海爾默解釋清楚事情的來龍去脈。海爾默先是看到第一封信，頓時暴跳如雷，唯恐把柄落入克洛格斯塔手裡，日後一切必須聽他擺佈。海爾默痛罵娜拉，指責她品格低劣，不但說她跟她爸爸一樣素行不良，甚至譴責娜拉，說她根本沒有資格養育家裡的孩子。正當娜拉惶恐著不知所措時，海爾默發現了克洛格斯塔的第二封信，立刻如釋重負，彷彿一切都已得救。他對娜拉恢復熱情的態度，相信兩人的生活又將回到正常軌道。

但是娜拉不想回到這條軌道上了。因為她終於意識到，原來這一切所謂「正常」的美滿婚姻與家庭生活，都依附在海爾默一個人身上。在這個家庭裡，她一直就只是個裝飾品，不但海爾默從來沒有瞭解過她，連她自己都沒真的想過自己的價值在哪裡，自己要追求的是什麼。

戲劇史上最響亮的關門聲

娜拉決定出走。在這個寒冷的冬夜裡，她做出人生中最重大的決定。海爾默希望她看在婚姻與孩子的份上，至少能再多待一個晚上。但娜拉堅定地回答，她沒辦法與「陌生人」共處在同一個屋簷下。她頭也不回，「砰！」的一聲關上大門離去，只留下一臉錯愕的海爾默。

這是戲劇史上最著名的離家場景之一，象徵著女性從此掙脫婚姻與家庭的束縛，走向未知但屬於自己的廣闊世界。「玩偶之家」指的是娜拉拋棄的那個「家」。在這個看起來不虞匱乏、精緻亮麗的家裡，娜拉像是個沒有個性的玩偶，一切只能依循男性的遊戲規則。當海爾默心情好的時候，會利用各種可愛的名稱，親暱地叫她「小雲雀」、「小松鼠」。但只要出了什麼麻煩，一切都是娜拉的錯，即便她從來都是真心誠意為著海爾默。漂亮的玩偶屋只能是孩子遊戲的玩具，不能滿足成人世界的需求。就像娜拉一旦心靈獨立，就不可能繼續過著家家酒一般的生活。

《玩偶之家》劇中討論的兩性議題，到今天仍然充滿現代感，啟發世界各地讀者對於家庭與婚姻的反思。此外，易卜生的這齣劇作也觸及許多經濟問題。不但場景設定在商業氣息濃厚的節日，而且劇中角色之所以產生密切互動，也是由於一個又一個牽涉到金錢往來、商業利益、生活開銷的事件。

然而，我們不禁要問，在大雪紛飛的冬夜裡離家尋求自我的娜拉，最後到底如何安身立命呢？如果這個世界的運作規則是靠經濟在支撐，那麼一向住在「玩偶之家」裡的娜拉，要如何面對外面的世界呢？離開「玩偶之家」的娜拉，是不是有可能建立一個全新定義的「家」呢？

也許，覺醒就是一條不歸路。不管娜拉是否已經做好準備，不管她將要面對什麼樣的挑戰，從她認知到自我的那一刻起，就不可能繼續任憑自己被禁錮在娃娃屋裡。追求自由與獨立需要付出代價，而覺醒後的娜拉並不畏懼。她的勇氣與無悔，至今仍讓她是戲劇史上最令人印象深刻的角色之一。

09

CHAPTER
第九章

真實到虛構的界線：劇場的敘事與抒情

在前一章裡，我們提到寫實主義與「第四面牆」的觀念。將戲劇舞台發生的事情視為現實生活的切片，在當時是許多藝術家的追求。十九世紀末、二十世紀初的歐洲劇場裡，除了有寫實主義的潮流之外，還有所謂的「自然主義」。秉持「自然主義」理念的藝術家們，比寫實主義更加強調場景細節，以及人物心理狀態的細膩轉折。為了讓舞台演出看起來就像真正的生活，他們會要求使用真實的物品作為道具。例如我們在導演章節提到的安端，曾經為了在演出裡呈現肉舖的場景，甚至把真正的生肉擺放在舞台上。

這樣的戲劇手法，未必可以說服今天的我們。畢竟當我們走進劇院時，已經做好「看戲」的心理準備。不管舞台上有多麼逼真的道具或舞台設計，我們還是不免意識到自己正在觀看戲劇表演，雖然我們的確可能非常融入劇情與角色情感之中。

問題或許就出在這裡：當戲劇在舞台上進行時，究竟要追求什麼樣的效果？是服裝、道具、舞台、造型等等外在的視覺真實？還是要在心靈意境方面召喚出觀眾的感同身受？是要引起觀眾的抒情感受，還是向觀眾敘述道理與意義？

從抒情的中國戲曲到敘事的「史詩劇場」

二十世紀初期，京劇演員梅蘭芳先生為了讓更多人認識中國傳統的戲曲藝術，決定前往歐美演出。一九三五年，適逢梅蘭芳在莫斯科演出。當時正在俄國流亡的德國劇作家布萊希特，恰好有機會看到梅蘭芳的京劇演出，大為驚豔，深深感受到中國戲曲與西方寫實主義戲劇的差異，進而發展出一套全新的戲劇觀念與理論。

布萊希特的戲劇理論被稱為「史詩劇場」（epic theatre），也有人稱之為「敘事劇場」。所謂的「史詩」，是古代希臘的文學形式之一，由詩人用詩歌體裁敘述英雄故事。跟戲劇不同的是，史詩只有一位敘述者，站在旁觀者的角度來講述故事。相較之下，戲劇則有好幾位演員，在舞台上通過各種表演方法來模仿劇本裡的角色。

布萊希特的「史詩劇場」，倒不是用戲劇的形式去改編史詩故事，也不是在劇場裡演出史詩涉及的故事。布萊希特關心的問題，是思考戲劇到底要用什麼方式講述故事？藉由不同的表現方式，戲劇是否有可能發展出其他更重要的功能呢？

對布萊希特而言，戲劇不只是用來提供休閒娛樂而已。如果觀眾花錢到劇院看戲，只是為了讓自己進入劇作家所製造出的情境，隨著劇中人物的悲喜而有心情起伏，這樣的戲劇並不滿足布萊希特所需。他認為觀眾看戲必須得到啟發，而劇作家有責任運用各種不同的戲劇表現手段，激發觀眾的思考，甚至讓觀眾走出戲院之後，能對劇中議題採取實際行動。

為了達到這樣的目的，劇作家不能讓觀眾在觀看演出的過程裡，從頭到尾耽溺在戲劇營造出的情境裡，而是必須讓觀眾不斷地從劇情跳脫出來，充分意識到自己是在看一齣戲。正因為知道自己是在看戲，所以對於劇中所發生的一切，可以用旁觀者的角度予以批判與反思，並且進一步針對劇中所提出的問題，激發出解決的辦法。

以劇場的「疏離效果」保持批判精神

布萊希特所設想的這種觀眾，必須與戲劇情節之間保持一定的距離。觀眾並不是融入劇情之中，也不是把自己投射到某個角色之中。這就是布萊希特「史詩劇場」最重要的概念。觀眾在看戲的時候，跟劇情以及劇中人物之間，有一種稱之為「疏離」或「間離」的效果。由於觀眾跟劇情之間有「疏離」，所以觀眾可以對戲裡的所牽涉到的議題或行為，始終隔著一段距離，保持冷靜的批判。

布萊希特認為劇作家有責任在戲劇演出過程中，時時幫助觀眾維持這種批判的距離。因此，布萊希特設想出許多打破觀眾幻覺的方法。比方說，他認為演出過程裡要穿插音樂跟歌唱，因為這種非日常口語對話的表達方式，可以提醒觀眾他們正在看戲。此外，演員還要在演出過程裡，適時跳脫出自己扮演的角色，向觀眾解釋劇中人物所作所為，以及劇中事件所說明的意義。

布萊希特提出的這些表現方法，與他觀看京劇的體驗有密切關聯。布萊希特注意到京劇的表演不只有對話，而且穿插有演唱片段。另外，他也發現京劇裡的角色常會正面對著觀眾表露心跡，而未必總是與劇中其他角色面對面說話。這種表演方式迥異於二十世紀初期在歐洲流行的寫實主義，不但舞台裝飾很簡單，演員的穿著打扮也跟現實生活差異很大。布萊希特認為，京劇表演完全沒有要觀眾對舞台上的一切信以為真，而觀眾也很清楚知道自己是在看戲。

布萊希特打破戲劇幻覺的方法

對熟悉戲曲表演的觀眾來說，恐怕很難同意布萊希特的觀察。事實上，京劇之所以融合唱段與對話，並不是為了打破寫實主義的幻覺，而是一種延續傳統而來所發展出的綜合美學表現方式。布萊希特不是戲曲專家，也不是研究中國的漢學家，所以他觀看梅蘭芳的戲曲演出時，從來不打算拘泥於專業賞析京劇的方法，而是自取所需，根據他對戲曲的瞭解乃至誤解，發展出他的「史詩劇場」、

「疏離效果」等理論。

布萊希特的理論雖然從中國戲曲得到啟發，但並不是特別針對戲曲所提出的意見，而是藉由非西方的戲劇，來重新檢視西方本身的戲劇。布萊希特的論述，讓同時代的觀眾重新思考何謂戲劇的本質與功用。有意思的是，布萊希特認為可以用來幫助觀眾跳脫劇情、批判思考的戲劇表現方法，例如演員在劇中的演唱，在戲曲裡反而是重要的抒情手段，讓觀眾可以充分浸潤在角色飽滿、充滿張力的情緒裡。

布萊希特為了充分發揮「疏離」的劇場效果，他還嘗試運用許多打破戲劇幻覺的手段。例如，他常把劇情背景設定在遙遠的異國他鄉，使歐洲觀眾在觀劇時產生一種陌生感。布萊希特也嘗試運用當時電影的一些技巧，將它們運用在舞台演出，例如在劇情進行間插入投影片，打上字幕說明本段情節的道德啟發、歷史教訓等等。這些用來打破戲劇幻覺的方法，有些在今天看來已經未必奏效。但是戲劇演出究竟是要讓觀眾沉浸在劇情之中，還是要提醒觀眾保持批判的距離，往往還是藝術家們常常思考的問題。

布萊希特劇本的啟發

布萊希特最有名的劇本之一，是《勇氣媽媽和她的孩子們》。這齣戲將故事背景設定在十七世紀歐洲宗教戰爭期間。主角「勇氣媽媽」是一個跟隨軍隊遷移，到處兜售雜貨的小販，為了賺取生活費用而汲汲營營。她雖然想方設法維持日常開銷所需，甚至希望可以在戰爭中多獲取一些利潤，最後卻因種種失算，而賠上了自己孩子的性命。這齣戲一方面提醒觀眾戰爭的殘酷，另一方面也毫不留情地諷刺那些在戰爭中只顧著保全自身利益的人。

《高加索灰闌記》的劇情背景也跟戰爭有關，並且牽涉到土地正義的議題。這齣戲改編自中國的元雜劇《灰闌記》，原本的故事是說歌妓張海棠嫁入大戶人家為妾，為富翁馬均卿生下一子。馬均卿的元配與情夫共謀，害死了馬均卿，卻誣告張海棠，又把張海棠的兒子據為己有，以便霸佔馬家家產。雙方公堂相見，互不相讓。富有智慧的包青天命人在地上畫出圓圈，把小孩放在其中，看看張海棠與馬氏元配誰能把小孩搶到手，小孩就歸誰所有。生母張海棠不忍傷害小孩，臨陣鬆手，小孩被馬氏元配奪得。包青天因此判斷張海棠才是生母，真相大白，善惡皆有報應。

至於布萊希特的《高加索灰闌記》，則將故事搬到俄國與喬治亞邊境上的高加索山區。劇情描述政變與戰亂之中，總督之子無人照料，被女傭帶著逃亡，幾經艱險終於保全幼兒性命。誰知戰事平定後，重獲政權的總督卻來要求孩子的所有權。聰明的法官用粉筆畫出圓圈，讓總督與女傭搶奪放在圓圈裡的小孩。結局如同元雜劇《灰闌記》一樣，孩子被判給不忍傷害他的人。

值得注意的是，元雜劇《灰闌記》將孩子與財產繼承權判給生母張海棠，但在布萊希特的《高加索灰闌記》裡，孩子與正義是歸養母所有。生育之恩與養育之恩，究竟哪個比較重要？在這兩個以「灰闌」為名的劇本裡，劇作家有著不同的答案。除此之外，布萊希特的《高加索灰闌記》還多了另一條劇情線，是藉由農民的閒談，討論他們所賴以維生的土地，究竟是屬於外來政權以武力所管轄？

還是屬於世世代代居住於此的當地人民？從土地談到孩子，布萊希特的《高加索灰闌記》具有犀利的議題導向，而劇中也不斷運用上述提到的說唱、字幕等劇場手法，提醒觀眾批判與思考，可以說是「史詩劇場」的精彩代表作。

布萊希特的論述與劇本雖然問世已久，但他強烈的社會關懷、飽滿的現實感，迄今仍不斷啟發許多藝術創作者。二〇一三年，台灣的奇巧劇團將《高加索灰闌記》改編為《波麗士灰闌記》，融合戲曲、音樂劇、流行音樂等元素，藉由跨界與跨文化的手法，將布萊希特所提出的議題結合台灣現況思考。二〇二〇年，一心戲劇團重演的《Mackie 踹共沒？》，則是改編自布萊希特的《三便士歌劇》，劇中拼貼歌仔戲、爵士樂等各種文化元素，反諷全球化的資本主義、官商勾結等問題。只要劇場仍然關心社會議題，布萊希特將繼續為劇場藝術家提供創作能量，號召觀眾在劇場裡一起思考現況與未來。

第九章——真實到虛構的界線：劇場的敘事與抒情

10

CHAPTER
第十章

永遠的等待：果陀是否真的存在？

在閱讀這個章節以前，我們不妨先想想幾個問題：

你覺得現在的世界是一個什麼樣的世界？你覺得你自己是個什麼樣的人？你覺得你在世界上扮演著什麼樣的角色？你覺得每天的生活對你來說有什麼樣的意義？你覺得人生的目的是什麼？

大部分的時間裡，我們忙著上課、放學、參加課外活動、準備考試、跟朋友約出去玩……生活裡安排了許多事情寫在行事曆上，一切的一切看起來井然有序。在大部分的情況下，生活會照著既定的方式運作，我們會在自己的人生崗位上善盡自己的義務，並且三不五時獲得一些肯定與獎勵。

我們不是唯一這麼想的人，過去的人們也常是這麼想的。所以，人們喜歡到劇場看戲，因為戲劇在一成不變的生活裡，提供許多意想不到的刺激與結局。

但是，若現實生活真的像戲劇一樣超乎預期，甚至遠遠超過人們可以承受的範圍時，那會是個什麼樣的情況？如果現實生活比戲劇更加充滿戲劇性的轉折，那麼戲劇舞台上究竟還能演出什麼？

荒謬戲劇是最寫實的人類存在本質？

二十世紀人類歷史上的兩次大戰浩劫，讓整個歐洲陷入經濟、政治與社會的困境。從希臘羅馬時代以來，歷經啟蒙時代、工業革命的歐洲，始終企圖為人類文明提供理想的典範，嘗試用理性和智慧點亮世界。然而，這一切的美好信念與崇高理想，為何會兩度引發毀滅性的戰爭，將人類引向萬劫不復的結局呢？

二戰期間的文學家們開始反思，並藉由小說、戲劇、哲學論述等形式表達他們對於現實世界的看法。例如法國作家沙特、卡繆等人，反覆申辯世界的不確定性，對於未來抱持高度的懷疑感，並且表現人在社會中的疏離感與自我放逐。他們的論述與思想，一般被稱為「存在主義」。正是因為他們質疑人的「存在」，連帶影響到他們對於語言的看法。對他們來說，如果一切生活的意義都是不確定的，那麼我們用來描述生活、表達想法的語言，不也是充滿不確定性，甚至不可信賴的嗎？

這一股「存在主義」思潮影響深遠，並且在各個領域逐漸發酵，包括劇場界。二戰之後的歐美劇場界，陸續演出了尤涅斯科、阿達莫夫、貝克特等劇作家的作品。他們的作品中都呈現出生活與存在的荒謬感，彷彿沒有什麼事情是絕對的，而且一切話語和意義都是可被拆解的。這幾位劇作家原本都是各自獨立創作，但因為風格、內容有相近之處，所以後來被概括稱為「荒謬戲劇」、「荒謬劇場」或「荒誕派戲劇」。所謂「荒謬」，除了說明這些劇作的形式與情節之外，也扣合他們所想揭露的人類生命現況。有意思的是，如果人生本身就是荒謬的，那麼這些被稱為「荒謬」的戲劇，不是反而最能再現生命的真實面嗎？

為了在戲劇舞台上表現生命的荒謬感，劇作家從形式與語言兩方面著手。就形式上來說，荒謬戲劇沒有完整的情節，劇中人物沒有明顯的性格，舞台上也沒有寫實的布景與道具。就語言上來說，荒謬戲劇裡的台詞往往看起來沒有什麼特別的意義，角色之間的語言溝通也常只是各說各話，毫無交集。諸如此類的舞台安排，可以說完全顛覆了過去人們對於戲劇的想像。舞台上既沒有提供驚心動魄的場面，也沒有扣人心弦的情節，台詞裡更沒有文采粲然的詩篇。舞台上一切的一切，看起來都是如此簡單與貧乏，而這正是荒謬派劇作家所欲呈現的人生真實。

舞台上既沒有禿頭也沒有女高音

荒謬戲劇雖然源自七十多年前的歐陸劇場，但直到今天仍常有演出。例如尤涅斯科的代表作之一《禿頭女高音》，在巴黎塞納河左岸拉丁區的「雨榭劇場」幾乎天天上演。劇場空間不大，僅有八十五席座位，演員們在極小的舞台上面對觀眾表演，台詞既沒有清楚的邏輯連貫也沒有明顯的劇情。根據劇本的舞台指示，觀眾看到的場景是個英國中產階級家庭客廳，史密斯先生一副居家打扮，抽菸、讀報，而他的太太則在縫補衣物。兩人各做各的，安靜無語。

突然，舞台上的時鐘敲了十七下，史密斯夫人聽了便說，「九點鐘了」，接著開始詳述他們一家人晚上吃了哪些東西、家住哪裡等等。在一連串的自言自語之後，史密斯先生加入談話，說起報上看到的消息，也談起他們的友人。夫妻兩人似乎在等朋友們來用餐，但等到朋友馬丁夫婦前來時，他們彼此之間又好像素不相識。

更令人費解的是，戲一開始時，史密斯夫人不是才鉅細靡遺講述他們一家晚餐的餐點嗎？劇中充滿許多不合邏輯的情節，例如門鈴響了但是開門卻不見人影，時鐘一會兒敲七下，一會兒敲二十九下。更奇怪的是，竟然還有消防隊長登門救火，卻又與史密斯、馬丁夫婦講起笑話打發時間。這些人物在舞台上看起來做了很多事情，但沒有一樣真正推進戲劇行動；他們之間說了很多話，句子的文法都沒說錯，但彼此之間沒有傳遞什麼真正重要的訊息。

《禿頭女高音》全劇結束在一陣混亂的單詞與短句之中。整齣戲裡從頭到尾沒有真的禿頭，也沒有女高音現身，只有當消防隊長順口問了一句「那位禿頭女高音呢？」在場所有人一陣靜默之後，史密斯夫人回答說，「她總是把頭髮梳成那個樣子！」消防隊長這才放心地離開。

「禿頭女高音」在劇中既不是什麼象徵，也沒有特殊的意義。這不免讓人想到，我們日常生活裡的許多用詞或對話，乍聽起來好像有具體含意，實際上卻不能發揮任何溝通效用。語言的無力與蒼白、人類社會的無法溝通，都體現在《禿頭女高音》這齣戲裡。人們每天說了那麼多話，其實不見得能讓彼此瞭解對方的心思，而只是在單調、重複的節奏裡，度過每一分鐘，甚至搞不清楚時間的流動到底是怎麼一回事。劇中人看起來衣食無虞，卻反而在這些沒有意義的語言裡，顯示出他們靈魂與思想的空洞。

果陀什麼時候才會來？

貝克特的《等待果陀》也常被視為是荒謬戲劇的代表作。全劇分為兩幕，但沒有什麼劇情可言。幕啟時，舞台上幾乎是空無一物，只有一棵沒有葉子的枯樹，以及兩個衣著襤褸、看似流浪漢的男性，讓觀眾滿眼盡是荒涼感受。

劇名雖然叫《等待果陀》，卻沒有人知道「果陀」究竟是誰，而且直到劇終，「果陀」也從來沒有出現。第一幕的兩個男性角色名叫艾斯特崗、維拉迪米爾，全劇最著名的台詞就是由他們兩人說出。艾斯特崗提議「我們走吧！」，但維拉迪米爾淡淡地回答說，「我們不能。」艾斯特崗追問，「為什麼不能？」維拉迪米爾告訴他，「我們在等待果陀。」這幾句台詞第一次出現的時候，觀眾心裡多多少少會預期有個叫「果陀」的角色出現。但隨著這幾句問答在劇中一而再、再而三地出現時，觀眾不免也要跟著懷疑，到底我們所有人預期的那個果陀什麼時候才要出現？可是戲還在演，不看到最後又怎麼知道果陀來不來呢？於是觀眾也陷入了無盡的等待之中。

《等待果陀》原本是用法語寫成，作者貝克特自己把它翻譯成英文，標題是Waiting for Godot。開頭的動詞「等待」之所以使用現在進行式時態，是要強調持續等待的過程。觀眾和劇中人一樣，始終處於正在等待的狀態中。對劇作家來說，人的一生永遠都在等待。一個目標達成了，又會出現一個新的期許。但是，我們所想像並且等待的事物真的會出現嗎？

我們似乎就像艾斯特崗和維拉迪米爾，即使一直沒看到果陀，卻又不斷說服自己總有一天會等到。劇中人為了消磨等待的時光，彼此有一搭沒一搭地說話聊天，偶爾吃點東西、穿脫衣帽，利用聲音和動作來填補這漫長的等待過程。看起來好像說了些什麼，也做了些什麼，但這一切是不是都只為了讓等待的時間，顯得不那麼空虛且沒意義呢？

《等待果陀》的後半部份劇情跟前半部份頗為相近，就像生命的情境總是週而復始，一再重複。舞台上出現了另外兩個角色，但他們都不是果陀。一個是瞎了眼的波佐，一個是被他用繩子綁住的僕人，名叫幸運。兩人互相依賴，無法分開。觀眾彷彿在他們兩人身上看見艾斯特崗和維拉迪米爾的影子，讓人不禁要思索，人與人之間的關係究竟是靠什麼來維繫呢？是權力，還是利益？又或者，我們只是藉著彼此的存在，讓自己也讓對方相信等待的必要性，而且可以繼續等待下去呢？

現在就是最真實的存在

這些疑問與不確定，似乎讓《等待果陀》讀起來的感覺有些悲觀。不過，劇中人的行為、台詞，常常也穿插著幽默，帶點滑稽的成分。貝克特的作品看起來好像是殘酷冷眼旁觀人世間，但或許正是因為我們在劇中瞭解到生命的無奈，所以反而可以用一種更寬容的心情，來看待這世界的一切不得已。生命裡也許有很多荒謬的地方，但正是因為我們在貝克特的劇作中明白了這些荒謬，所以可以選擇放下，而不見得要堅持某些不見得會出現的「果陀」。

尤涅斯科、貝克特的劇作雖然被冠以「荒謬」之名，但他們筆下所展現的觀察，其實相當貼近我們現代人生活中的體會。不少以中文創作的劇作家，都受到他們的啟發。例如諾貝爾文學獎得主高行健的劇本《車站》、《彼岸》裡，我們都可以看到類似《等待果陀》、《禿頭女高音》的元素。荒謬劇場似乎無情地戳破了生命的真相，但同時也讓我們認清生活的本質。如果「果陀」永遠不會來，那麼此時此刻的現在，就是我們最真實的存在。

11

CHAPTER
第十一章

從歌劇到音樂劇：視聽效果與戲劇動感的完美結合

早在古典希臘時期，人類的戲劇演出活動裡就少不了歌唱。希臘哲學家亞里斯多德在《詩學》一書裡，指出戲劇的構成有六大要素，分別是情節、角色、思想、文辭、音樂旋律、戲劇景觀。亞里斯多德的分析對象是希臘悲劇，而希臘悲劇裡的確有音樂演奏，並且穿插歌隊的演唱，伴隨著舞蹈讓整齣戲的呈現更加豐富。

從另一方面來說，人類天生想歌唱的欲望，可能也導致戲劇的起源。《詩經．大序》有這麼一段描述：「情動於中而形於言，言之不足故嗟嘆之，嗟嘆之不足故永歌之，永歌之不足，不知手之舞之、足之蹈之也。」這段話的大意是說，人因為想表達內心情感的湧現，因而訴諸語言。但語言有時仍不足以完全體現情感的豐富，所以自然而然結合了歌唱和身體律動，手舞足蹈。

在很長一段時間裡，不管是東方或西方的戲劇，多半結合著音樂與歌唱來表現。例如中國戲曲的表演，演員的唱功常常是觀眾最期待的部分，以致於人們習慣說「聽戲」而不是「看戲」，由此也證明「唱」在整齣戲裡佔有相當重要的地位。

晚清學者王國維在《宋元戲曲史》書中，以「合歌舞以演故事」一語為戲曲的特質下了定義，清楚說明中國古典戲劇的主要組成部分在於歌唱。

音樂與歌唱是戲劇裡的有機成分

現今被稱為「話劇」或是「舞台劇」的演出形式，雖然也常會利用音樂烘托氣氛，但比較少在演出裡穿插歌曲演唱。這種表演形式過去並不存在於東亞地區，而是一直到了十九世紀末、二十世紀初才被引介到中國、日本、韓國等地，甚至在當時被看成是西方「文明」的象徵。有意思的是，其實西方戲劇的類型眾多，並非只有純粹用說話來表現的戲劇。例如歌劇、音樂劇等表演形式，幾乎從頭到尾都有音樂伴奏，並且運用演唱的方式來演示劇情，表達戲劇的情感與張力。從戲劇史的發展脈絡來看，音樂與演唱是戲劇演出裡再自然不過的事。

我們今天稱之為「歌劇」的表演形式，源自十六世紀末、十七世紀初的義大利。當時在佛羅倫斯有一群音樂家與知識份子，希望能重新發揚古典希臘時代戲劇與音樂的結合形式。更重要的是，他們希望將音樂旋律與戲劇台詞巧妙結合在一起，字字句句都與旋律適當的對應，讓觀眾一邊看戲，一邊可以聽懂劇情。蒙台威爾第寫於一六〇七年的《奧菲歐》，被認為是最早的歌劇作品之一。故事源自希臘神話，講述奧菲歐的愛人尤麗迪絲不幸身亡，奧菲歐深入地獄救回尤麗迪絲，但他在返回人間的路上，違反地府冥王的要求，不慎回頭看了心愛的尤麗迪絲一眼，以致於尤麗迪絲再次墜回地府，兩人終將永隔。這段淒美的希臘愛情神話長久以來吸引著無數觀眾與讀者，二十世紀法國超現實主義劇作家考克多也曾經改編過這個故事。以「歌劇」形式演繹的《奧菲歐》，則讓蒙台威爾第成為第一位以歌劇著稱的作曲家。

歌劇是屬於劇作家的？還是音樂家的？

這裡似乎有個語意的矛盾。我們一方面詳述歌劇的故事情節，但強調的創作者卻不是劇作家，而是音樂家。的確，大部分的歌劇作品並不是因為劇作家而聞名，而是因為音樂與音樂家為世人所熟知。例如，當我們說起歌劇《茶花女》，想到的是作曲家威爾第；當我們說起歌劇《杜蘭朵公主》、《蝴蝶夫人》，想到的是作曲家浦契尼。不過，這並不意味著劇作家不參與歌劇的創作。十九世紀風靡全歐的法國暢銷劇作家斯克里布，便曾經為歌劇《銅馬》編寫劇本。這個故事源自阿拉伯世界的文學名著《天方夜譚》，斯克里布則在原本的故事裡添加許多中國元素，讓演出更符合當時巴黎流行的中國情調，不但在一八三五年的首演大獲成功，一八五八年再度上演，動員了更大的排場，視聽效果更加華麗。《銅馬》的作曲者是奧伯。今天的巴黎歌劇院周邊有兩條主要道路，分別是以斯克里布、奧伯的名字來命名。

上述例子提醒我們，許多歌劇作品有相當濃厚的文學底蘊與淵源。有些歌劇是從小說改編而來，例如《茶花女》源自法國作家小仲馬的同名小說，敘述年輕讀書人與青樓女子之間的淒美愛情故事。有些歌劇則是從戲劇改編而來，原本就富有相當豐富的故事性，藉由音樂的渲染，將情感表達得更為淋漓盡致，也讓觀眾感受到更酣暢的氣氛。例如浦契尼譜曲的《托斯卡》，改編自法國劇作家薩杜的同名劇作；莫札特譜曲的《費加洛的婚禮》，則是改編自法國劇作家博瑪榭的同名劇作。有些音樂家身兼歌劇的編劇，例如華格納知名歌劇《尼伯龍根的指環》，由他耗費二十多年心力編撰，故事取材自北歐神話，篇幅漫長，樂曲氣勢磅礡。

歌劇形式多變，劇場導演也介入

歌劇歷經十八、十九世紀的發展，逐漸衍生出「喜歌劇」（opéra comique）、「輕歌劇」（opérette）等許多類型。總體來說，它們彼此之間的差異不特別大，只是在故事取材、音樂風格、劇情長度等方面有些不同。例如法國音樂家比才編寫的《卡門》，在出版的劇本與樂譜上都標示為「喜歌劇」，不過一般觀眾並不需要在第一時間區別這些細微的差異，可以都當成廣義的歌劇來欣賞。

二十世紀晚期以來，當代劇場導演與歌劇演出的互動越來越頻繁，許多劇場導演運用現代觀點與技術，突破歌劇的傳統視覺效果與意境。例如巴黎的巴士底歌劇院，在二〇一七年邀請德國導演克勞斯古斯執導浦契尼歌劇《波希米亞人》（二〇二三年重演），將原本設定在巴黎小公寓的劇情，搬移到漂流在宇宙間的太空船艙中，讓全劇充滿科技感與未來感。

需要注意的是，「歌唱加戲劇」的演出模式就是「歌劇」嗎？這倒是未必。如同前面說過的，音樂、唱曲在戲劇發展史上，長期以來都佔有重要地位，歌劇的唱詞必須緊密地與音樂旋律結合在一起，而不僅僅是在戲劇演出過程裡穿插幾支歌曲。這是為什麼西方人剛接觸到戲曲時，會把戲曲聯想成歌劇，因而把「京劇」稱之為「Peking Opera」。不過，戲曲除了音樂與唱詞的結合之外，表演過程中還有許多用說的台詞（一般稱為「念白」），而且身段與唱詞之間也有複雜而巧妙的搭配，這些都是跟西方歌劇不一樣的地方。

歐洲各國的戲劇發展史上，與歌劇相關或類似的表演形式很多，曲目的編排方式也有差異。歌劇的曲目與音樂，一般來說都是作曲家根據劇情新編。不過十八、十九世紀時在法國有種稱為「沃德維樂」（vaudeville）的音樂喜劇，雖然全劇都配有音樂和唱詞，但曲調並不是原創作品，而是從過去既有的音樂曲調之中，選取適合劇情氣氛的來搭配使用。如此一來，雖然唱詞是根據劇情而新編，但曲調常常是觀眾耳熟能詳的。另外，十九世紀歐洲流行的「通俗劇」（melodrama，也有人翻譯為「情節劇」），字面上的意思是「有旋律的戲劇」。這種戲劇以大眾娛樂為導向，情節緊湊精彩，懸疑刺激，充分運用音樂特質來輔助或烘托戲劇情境。在關鍵的時刻裡，甚至還會搭配一首主題曲，加深觀眾的印象。

結合流行元素的音樂劇
既創造流行風潮也帶起社會脈動

二十世紀初期，原本頗受普通市民喜好的「輕歌劇」，融入了更多流行音樂元素，包括當時興起的爵士樂等，逐步發展成我們今天所說的「音樂劇」。音樂劇的歌曲與唱詞通俗淺顯，觀眾很能琅琅上口，構成流行文化的一環。再加上載歌載舞的表演方式，讓音樂劇充滿表現力與動感。許多知名的音樂劇往往一演數年，甚至巡迴世界各地公演，成為名符其實的「藝術產業」。

美國音樂劇《西城故事》取材自莎士比亞的《羅密歐與茱麗葉》，場景卻搬到二十世紀的紐約，融合美國青少年的街頭元素，現代感十足。莎翁原著裡著名的「樓台會」場景，在《西城故事》裡被安排在紐約舊公寓外牆的樓梯間，男女主角對唱的《今晚》成為膾炙人口的歌曲。除了音樂劇版本之外，《西城故事》也被翻拍成電影。勞勃懷斯與傑洛米羅賓斯曾於一九六一年共同導演，二〇二一年史蒂芬史匹柏又重拍《西城故事》，可見這齣音樂劇受歡迎的程度始終不墜。

其他知名的音樂劇，還包括英國作曲家安德烈洛依韋伯的《貓》、《歌劇魅影》，法國音樂劇《悲慘世界》等等。《歌劇魅影》改編自法國作家卡斯頓勒胡的小說，故事描述容貌醜陋的音樂天才「魅影」藏匿於巴黎歌劇院之中，並與年輕美麗的歌劇女演員發生一段驚悚的愛情故事。全劇曲目動聽，演出時還可以看到「魅影」從觀眾席中藉助高懸的繩索滑行到舞台上，戲劇效果十足。《悲慘世界》則取材自法國文豪雨果的同名小說，其中一部份劇情描述市井小民在政治亂局下的艱辛生活，歌曲與演出都具有相當的渲染力。

時至今日，歌劇、音樂劇都已經成為精緻藝術文化的代名詞之一。歐美國家的歌劇院，往往給人金碧輝煌的印象，富麗堂皇不在話下。以演出音樂劇著稱的英國倫敦西區、美國紐約百老匯等，都是世界各國觀光客體驗文化必訪之地。反過來說，當我們向外國觀眾行銷台灣文化時，戲曲也常常作為最具代表性的藝術之一。由此或許可以證明，戲劇與音樂結合的魅力無窮，總是帶給每一代的觀眾無限視聽享受。

12

CHAPTER
第十二章

古典總也不老

每一個時代的戲劇都需要觀眾。一定程度上來說，戲劇永遠是當代的，因為它必須因應觀眾的情感需求，也必須回應不同時空語境下的價值觀念變遷。即便是古典的劇目，到了當代也會借助新的技術，以便將它重新搬上舞台。更不用說每個時代的演員有著各自的身體語言，情感表達方法也有所差異。排練的過程中，則不免又受到當代觀念影響，對劇本必須有著與時俱進的詮釋觀點與理解方式。

進劇場是為了看戲，不是為了觀賞古物

知名戲劇學者王安祈教授在IC之音《打開戲箱說故事》廣播節目裡說過一則她在大學任教時的小故事。當時她準備了知名京劇《御碑亭》的演出影片給學生們看，劇情大意是說一名已婚的年輕女子孟月華利用先生出門的機會，返回娘家探望父母，回程遇到傾盆大雨，只好躲在山上一處涼亭裡。涼亭裡雖然有一名陌生男子，但兩人謹守分際，沒有踰矩的行為。誰知先生王有道返家後不相信妻子

所言，一封休書就要與她斷絕關係。

故事還沒說完，王安祈教授就發現全班同學哈哈大笑，覺得這樣的故事實在太瞎。王安祈教授告訴同學們，不妨就把這齣戲當成文化資產來欣賞，不要計較故事裡不符合現代人觀點的細節。誰知同學們竟然回答，「我們買票進劇場是為了看戲，不是為了參觀博物館裡的古物！」

王安祈教授聽了之後大為震驚，因為戲曲美則美矣，但確實有太多故事的內容已經與現代人的價值觀念產生落差。這個經驗讓王安祈教授著手將《御碑亭》改編為現代京劇《王有道休妻》，二〇〇四年在國光劇場以及國家劇院實驗劇場演出。《王有道休妻》讓兩名演員飾演女主角孟月華，其中一個孟月華是用來探索女性內心的情感轉折，另一個孟月華則因應外在禮教環境而展現出矜持的態度。通過一內一外的兩個孟月華，《王有道休妻》大大顛覆了傳統老戲《御碑亭》的架構與觀點。在此同時，王安祈教授也開始認真思考，如何將傳統戲曲現代化，讓現代人能夠在欣賞傳統戲劇表演形式美感的同時，也能在其中得到呼應現實人生的啟發。

二十年來，國光劇團與王安祈教授以及沈惠如、趙雪君、施如芳、戴君芳等新一輩的編導群共同嘗試，讓名列聯合國非物質文化遺產的京劇能夠持續現代化，除了結合各種劇場技術之外，並且拓展題材，加強其文學內涵。古典戲曲不是老人家的玩意兒，同時也是可以與每一代觀眾對話的藝術。

台灣京劇與歌仔戲的現代化和文學化

二〇〇六年，王安祈教授與趙雪君將張愛玲小說《金鎖記》改編為京劇。張愛玲本人的確是喜歡看戲，不但在〈洋人看京戲及其他〉一文裡說了許多她對戲曲故事的想法，也曾在《傳奇》再版的話〉裡提到她對通俗娛樂「蹦蹦戲」的喜愛。張愛玲本人並沒有把自己的小說改編為戲曲演出，不過王安祈教授曾經指出，張愛玲的小說常常是用古典小說的形式，訴說著她與當代人的情感——《金鎖記》就是個很好的例子。王安祈教授在推動戲曲現代化的過程裡，也正是使用古典的戲曲形式，以現代的思維重新思考劇中所揭示的議題，進而喚起當代觀眾在看戲時的共鳴。

除了京劇之外，其他的戲曲類型也不斷推陳出新，注入年輕創作者的觀點與技法。例如唐美雲歌仔戲團將日本文學經典《源氏物語》改編為《光華之君》，邀請京劇花旦黃宇琳參加演出；或是將武則天、唐太宗的家庭與宮廷恩怨改編成《冥遊記——帝王之宴》，邀請京劇老生唐文華演出，都是近年有名的跨界合作實例，由年輕劇作家陳健星編劇，讓歌仔戲在古典的表演形式之中，蘊含更豐富的當代內涵。

從青春版到小劇場的崑曲嘗試

即使是號稱「百戲之母」的崑曲，也不斷嘗試突破既有的表演範式，一方面保有古典的精粹，另一方面又要為觀眾創造新的思維。例如白先勇教授在二〇〇四年起用年輕演員俞玖林、沈豐英，在前輩崑曲藝人汪世瑜、張繼青老師指導下，演出前所未見的「青春版」《牡丹亭》，讓古雅的崑曲之美以年輕新裝重新問世，風靡全球，開啟新一代觀眾對崑曲的興趣。

又如台灣二分之一Q劇團在二〇一二年首演的實驗崑曲《亂紅》，這齣戲是以明清傳奇《桃花扇》的故事為底本，擷取其中部分內容，將小劇場的舞台一分為二，讓崑曲、歌仔戲同台共演。《桃花扇》原著的主角名叫侯方域，是位明朝末年的書生，與一幫友人共同關心時政，針砭腐敗朝臣。在偶然的機會裡，侯方域結識秦淮河畔的名妓李香君。無奈戰爭與政治紛擾，致使兩人分離。李香君面對動盪時局，忠於個人愛情也忠於家國大愛。然而侯方域卻不能堅守氣節，明朝王室覆滅後意圖參加清朝舉辦的科舉，以求功名利祿。

侯方域、李香君的愛情故事固然令人傳誦，但歷來也有許多評論或戲劇創作對侯方域大加撻伐。例如知名現代戲劇作家歐陽予倩，在一九四七年編寫過話劇版《桃花扇》，用來諷刺抗戰期間與日軍合作的中國文人與官員。

身處在二十一世紀的我們，如何去看待這一段歷史呢？《亂紅》一劇將視角集中在侯方域的內心世界，嘗試探索一個人在時代變局之下的自處之道，以及他如何去因應外在世界的要求。崑曲成形於明代中葉，所以《亂紅》劇中讓明朝覆亡前的侯方域以崑曲形式來表演，內容主要取自《桃花扇》原著。至於明朝覆亡以後的侯方域，留起了辮子，不但服裝造型採用清代式樣，而且是以歌仔戲形式來表演，因為歌仔戲是清代才出現的劇種。《亂紅》藉由崑曲、歌仔戲兩種戲劇形式來表現不同時期的侯方域，在舞台上互為參照，甚至讓他們彼此對話，讓觀眾進一步思考人在面對大環境時的侷限性，卻也同時開創了戲曲表演的可能性。

西方戲劇文本的古典新詮：導演的觀點

台灣的戲曲固然面臨新時代的挑戰，其實西方許多經典戲劇也不斷在重新界定它與新時代觀眾的關聯，讓經典不是只存放在書本裡的死知識，而是可以繼續活躍在當代的生命。英國的莎士比亞戲劇是最好的例子。即使莎翁距離我們已經有四百多年，但不管是話劇、歌劇、音樂劇或電影，都能透過各種解構與重新閱讀的方法，讓莎士比亞始終像是我們的當代人。

法國也有類似的情形。位在巴黎的法蘭西戲劇院（Comédie-Française）成立於一六八〇年，三百多年來的重要任務之一，就是固定演出法國古典劇作，彰顯法國的文學經典。然而，即使法國的中小學語文課本裡都會講授莫里哀、拉辛等古典劇作家的作品，且將古典戲劇納入中學會考、學測考題範圍，但如何通過演出吸引當代觀眾親近並欣賞古典戲劇，仍考驗著每一位法蘭西戲劇院的團員。

最常見的方式之一，是盡可能保留古典戲劇原本台詞，但讓演員換上現代服裝，舞台也以現代風格表現，試著藉此讓當代觀眾貼近並理解劇中人物的觀點與態度。有些製作則強調舞台畫面的視覺衝擊，以呼應劇中人物之間的緊張關係或是內心衝突。「古典新詮」的關鍵常在於導演，這是因為大多數當代劇場製作是根據導演提供的觀點來詮釋作品，並且由導演來統籌整體製作的美感。

二〇二二年一月適逢莫里哀誕生四百年紀念，法蘭西戲劇院邀請國際導演伊沃凡霍夫執導莫里哀經典名劇《偽君子》。這個劇本是法國中學生課堂必讀的教材，場景設定在十七世紀中產階級家庭裡。一個假冒為善、乍看懷抱宗教情操的門客塔杜孚，讓男主人強迫女兒解除原本的婚約，以便把女兒許配給他。除此之外，這個偽君子竟然還誘拐女主人，甚至搜刮家財，讓原本安穩的家庭幾乎四分五裂。伊沃凡霍夫導演的版本並沒有還原古典時代的場景，人物也不是穿著莫里哀時代的服飾與打扮。舞台上僅以黑白二色為主，搭配簡單的階梯、框架等陳設。舞台中間以白布鋪成方形區塊，有如競技場地，身處其中的演員則彷彿是被觀眾及其他劇中角色觀看的競技對手，呼應莫里哀劇本裡緊張複雜的權力關係。原著劇本裡所關注的宗教偽善主題，在伊沃凡霍夫導演的版本裡反而不是最重要的關注，而他更有意凸顯世代之爭，呈現年輕人爭取個人自由的過程裡與保守勢力產生的拉鋸。

同為國立場館的巴黎奧德翁劇院，曾於二〇一八年演出布隆胥維格導演的

《妻子學堂》。這齣戲的劇本也是莫里哀原作，故事描述一位中年男性為了有效駕馭他收養的年輕女孩，研擬出許多似是而非的規矩來管束她，彷彿將她關進一所培育優良妻子的「學堂」。但青年男女的戀愛心情無法被教條禁錮，女孩愛上了另一位年輕男孩，也讓「妻子學堂」無疾而終。導演布隆胥維格保留原劇台詞，利用面向觀眾的鏡面增加舞台空間感，也讓觀眾席上的觀眾在鏡面反射裡看見自己。同時，布隆胥維格在極為簡單的舞台上放了兩輛健身房的自行車，幕一揭開，觀眾就看到男主角與友人邊騎車邊閒聊。藉由這樣的安排，讓觀眾覺得《妻子學堂》的男主角不僅財力充裕，而且還有心維持良好體態。也因此，他有意與養女成婚一事，就不只是財產問題，同時可能還涉及諸多層面的慾念，讓當代的觀眾更容易理解「妻子學堂」的荒謬堂規所為何來。

不論是東亞或歐美，都有豐富的戲劇經典，構成重要的文化資產。從表演形式到劇目保存，乃至於作品的閱讀和推廣，許多當代藝術家與創作者都付出大量心力，讓古典戲劇與我們的當代生活產生共鳴，突破一時一地的限制。古典是永恆的時尚，因為它經歷過一代又一代的考驗，值得我們繼續喜愛與親近。

13

CHAPTER
第十三章

西方與東方的相遇

如果有天你到歐美國家旅遊、工作或唸書，當地的朋友要你推薦一部中文的戲劇作品，你會選擇哪一部呢？反過來說，假設你是一位對東方戲劇有興趣的西方學者，你會從哪一部開始看起呢？又會介紹什麼樣的作品給其他西方讀者呢？諸如此類的問題，在全球文化交流頻繁的今天顯得格外重要，因為這往往涉及文化外銷和推廣的議題。

二〇一二年，英國皇家莎士比亞劇團根據元雜劇《趙氏孤兒》，改編為英語版本演出。皇家莎士比亞劇團成立於一九六七年，是英國最具影響力的劇院之一。劇團顧名思義是以演出莎劇為主，但實際演出的劇目並不僅止於此，也不侷限於英國戲劇。源自元雜劇的《趙氏孤兒》，是皇家莎士比亞劇團首次演出的中國戲劇故事。參與演出的演員絕大多數並不熟悉戲曲，也不會說中文，所以皇家莎士比亞劇團的《趙氏孤兒》雖然是中國故事，但演員一開口就是英語，而身上穿戴的戲服是中國古代風格，舞台則以一些象徵宮廷的元素、圖案來呈現。

這樣的演出，是不是讓你聯想到好萊塢或是迪士尼呢？明明是西方人的外觀，演出的卻是中國古裝戲劇，而且使用的語言是我們這個時代一般西方觀眾聽得懂的英語，並不是宋元明清時代西方人所講的英語。

《趙氏孤兒》：東西方戲劇交流史的第一頁

其實西方劇團不是頭一遭演出元雜劇，也不是第一次將東方的元素融入西方的戲劇舞臺上。早在十八世紀初，《趙氏孤兒》就已經被翻譯成法文。當時歐洲正流行中國藝術與時尚，雖然大部分人根本不可能有機會去中國，但舉凡跟中國牽扯上關聯的事物，小至生活器皿、織毯掛畫，大至思想哲學、文學藝術等等，都很能引起歐洲人的興趣。

少數有機會前往中國一探究竟者，是致力在世界各地傳教的耶穌會士。他們為了想深入瞭解中國的方方面面，所以下了一番功夫譯介中國文學，因為文學所反映的不只有風俗，更有世故與人情。《趙氏孤兒》就是在這樣的大環境下，成為第一個被西方讀者認識的中國戲曲劇本。

就西方的觀點來說，從希臘羅馬時期以來，各種文學類型之中就屬悲劇的地位最崇高。於是，當學養豐富的耶穌會傳教士有意將中國文學介紹給西方讀者時，不免從上述角度出發，試圖在眾多作品中挑選出符合「悲劇」標準者。就形式上來說，《趙氏孤兒》有五折加上一個「楔子」（這裡的「楔子」類似前情提要，用來說明整齣戲發生的背景），很接近西方悲劇常見的五幕結構。就內容上來說，《趙氏孤兒》為父復仇的情節，又很自然令西方讀者聯想到希臘悲劇裡類似的劇情安排。更重要的是，《趙氏孤兒》情節緊湊，環環相扣，對於首次接觸中國戲曲的讀者來說，相對容易理解。於是乎，《趙氏孤兒》雀屏中選，先是由耶穌會傳教士馬若瑟翻譯成法語，之後被收入杜赫德神父編選的中國百科裡，從此聲名大噪。

從倫理教化、法庭公理到浪漫愛情：中國戲曲魅力無法擋

《趙氏孤兒》的譯本在歐洲廣為流傳，引起法國文豪伏爾泰的注意。他原本就對中國的孔子、儒家倫理非常有興趣，於是著手將《趙氏孤兒》改編為《中國孤兒》。《中國孤兒》雖然源自《趙氏孤兒》，但兩者之間的故事有很大差異。原本《趙氏孤兒》的故事是發生在春秋戰國時代，但伏爾泰把故事搬到宋朝，劇中反派是率領大軍入侵中國的韃靼首領成吉思汗。男主角尚惕（即「上帝」的諧音）與他的妻子伊達美為了延續宋朝皇室血脈，不惜犧牲自己的性命以報君恩。他們的氣節與道德讓成吉思汗醒悟，決意不再濫殺無辜，立志勤政愛民，並力邀尚惕擔任他的朝廷高官，推行儒家的倫理教化。

由於伏爾泰的名氣響亮，以致於《中國孤兒》一推出就造成轟動。同時期的英國、義大利等地，都有類似的改編。有意思的是，《中國孤兒》的靈感雖然源自

元雜劇《趙氏孤兒》，但伏爾泰以及同時代人讀到的《趙氏孤兒》譯本，其實並不完整。原因是耶穌會傳教士在翻譯時，考慮到西方讀者的閱讀習慣，所以把元雜劇原本的唱詞都刪除了，只保留念白部分。從這個例子我們便可以知道，戲劇的跨國傳播有時候未必是原封不動照搬，而這些看似「不忠實」的譯介，未必不能在東西方文化之間激盪出豐碩的成果。

繼《趙氏孤兒》之後，許多中國戲曲作品陸續傳入西方，並且啟發西方劇作家的創作。例如二十世紀德國劇作家布萊希特，就曾將元雜劇《灰闌記》改編為《高加索灰闌記》，並在劇中充分運用了他的「史詩劇場」理論。浪漫喜劇《西廂記》則是由留學倫敦的熊式一在一九三〇年代翻譯成英文，而他還曾將京劇《紅鬃烈馬》的故事改編為英文演出，讓西方觀眾看到薛平貴與王寶釧的愛情故事，就連當時的英國女王也親自蒞臨劇院觀賞。

徹夜未眠的中國公主

除了話劇形式的演出之外，西方的歌劇舞台上更少不了東方元素。至今仍常演出的浦契尼歌劇《杜蘭朵》、《蝴蝶夫人》等，都將劇情設定在東方國度，在舞台上展演大量異國情調。

歌劇《杜蘭朵》的故事原型來自於《一千零一夜》，歷代有過不少改編，浦契尼版本則是今天最為觀眾熟知的。故事敘述一個美麗的中國公主杜蘭朵，吸引許多慕名而來的王公貴族追求她。然而杜蘭朵冷酷而殘暴，要求這些愛慕者回答她出的三道謎題，若答不出來就得慘死刀下。雖然犧牲者眾，但公主的美貌仍然讓人前仆後繼。終於，聰明的王子加利夫找出三道謎題的答案，並用智慧化解緊張局面，馴服了公主的心。劇中充滿濃厚的中國氛圍，不但巧妙融入中國民謠《茉莉花》，且浦契尼譜寫的知名唱段《公主徹夜未眠》，更是傳唱不輟。

有意思的是，原本《杜蘭朵》是西方戲劇對於遙遠中國的神秘想像，但有時候卻也反過來寄寓了東方觀眾的自我想像。一九九八年，《杜蘭朵》在北京紫禁城戶外演出，由知名導演張藝謀執導。歌劇情節裡的奇幻中國，對照著氣派的皇城實景，引人無限遐想。

就劇場導演美學來說，許多西方導演則是從東方的藝術形式裡汲取靈感。例如二十世紀初期的法國劇場藝術家亞陶，在觀看峇里島的傳統舞蹈時，啟發他對演員身體、聲音等面向的思考，進而逐漸發展出一套前衛的表演方法論。法國陽光劇團的導演莫努虛金，則是將東方的戲劇、舞蹈表演方法，融入她與團員的創作之中。例如取材自希臘神話的《亞特里德家族》，在表演時巧妙結合了印度的傳統舞蹈卡達卡里；又如《河堤上的鼓手》，則是以演員模仿日本偶戲淨琉璃，並且還融入了一些日本能樂特色。

在西方的戲劇舞台上，東方元素從來沒有消失過，並且很大程度豐富了西方的戲劇樣貌。有時只是作為異國情調的點綴，有時是提供美學探索的刺激與靈感，有時則又寄託了劇作家的理想，藉由他者之口，暢言己身之志。值得注意的是，隨著世界各地的交流日益頻繁，西方戲劇在使用東方元素或書寫異國主題的時候，也變得更加謹慎，以避免因為誤解或是既定的刻板印象，造成彼此之間的衝突與爭議。

以東方傳統戲劇形式詮釋西方戲劇經典

隨著跨文化改編在二十世紀下半葉蔚為流行，許多東亞地區的傳統戲劇也將西方元素納入創作之中，主動吸收異國文化，藉此豐富傳統的面貌，進而發展出融合東西文化精神的新美學。

例如台灣的當代傳奇劇場，在一九八六年創團時即引領風潮，將莎士比亞的《馬克白》改編為《慾望城國》，以京劇表演技法與美學精神為基礎，詮釋世界各國讀者熟悉的莎翁文本。主演本劇的吳興國、魏海敏，本身都是京劇訓練出身，具有深厚的傳統根底。他們將京劇的表演元素融會貫通，結合西方現代劇場的技術與概念，創造出基於傳統美感卻又突破傳統限制的表現手法。例如飾演男主角敖叔征將軍的吳興國，揉合了京劇裡多種不同行當的表演技巧，根據角色的性格與心理狀態創造出適合的表演方式，而不拘泥於單一行當的表演模式。就舞台視覺來說，全劇也採用西方現代戲劇的概念，運用燈光、布景的陳設，營造出沉鬱陰森的氛圍，以呼應角色幽暗的內心世界與權謀算計。近四十年來，當代傳奇劇場嘗試各種跨文化的手法，演出多齣莎劇、希臘悲劇，也將觸角延伸到卡夫卡《蛻變》、貝克特《等待果陀》等作品，充分展現出戲曲在跨界、跨文化製作中發揮的能量與無限潛能。

時至今日，跨文化的戲劇製作已然成為常態，各種不同淵源與風格的戲劇元素都有可能在舞台上融為一體。例如國光劇團在二〇一九年演出的《費特兒》，劇情取材自希臘故事，且與十七世紀法國古典劇作家拉辛的劇作同名，表演則是融合了京劇、南管以及現代舞，不僅使全劇的視覺表現富有層次感，也讓不同形式的表演對照出角色複雜的權力與情感關係。又如二〇二二年明華園天字戲劇團與莎士比亞的妹妹們的劇團共同合作推出的《無題島：孽種與魔法師》，劇情靈感源自莎劇《暴風雨》。雖然劇中仍有許多歌仔戲唱段，且大部分劇中演員都是戲曲訓練出身，但不論從視覺美感、劇本結構、表導演概念等哪一個面向來說，都讓觀眾看到一種非東非西、既東且西的表現形式。正是在諸如此類的碰撞與交流過程中，讓我們當代的戲劇持續展現出多元並呈的面貌，讓東方也讓西方舞台創造最美麗的相遇。

14

CHAPTER
第十四章

戲劇、儀式感與宗教

想想看，你是不是有某個特定的紀念日呢？是不是會安排在某些特定場合進行某些不一樣的活動呢？我們今天常用「儀式感」一詞，來形容這些不同於日常生活的安排。所謂「儀式」，可能在地點、時間都有一定規定，參與其中的心情會有所轉換，甚至在外觀的穿著打扮上也有所要求。這一整套「儀式」的規範，可以稍微鬆散，但也可以非常嚴謹，關注到每個微小細節。

人類自古以來的生活裡，就少不了儀式。其中最重要的儀式類型，常常跟宗教活動有關。這是因為宗教活動便於聚集人群，而人群是儀式進行與記錄所不可或缺。尤其古代還沒有拍照、錄影器材時，記錄活動最有效的方式，就是通過人群的集體參與，讓彼此成為共同的見證。

這不禁令我們聯想到戲劇。有現場觀眾、有特定的時間與地點，還有人們根據一套擬定好的流程，按序進行完成每個步驟。這就好像照著劇本「演」了一齣戲，只不過演出與觀看的場合不在劇院裡。

戲劇的起源與宗教活動密不可分

回溯起戲劇在人類文明史上的出現與發展，可說是與宗教活動密不可分。中國西南地區的「儺戲」，號稱古代文明與戲劇活動的活化石，迄今仍能為我們展示古人的祭儀型態與原始戲劇表演模式。所謂「儺」，就是在宗教祭祀的場合上，以歌舞表演進行驅趕疾病、惡鬼的儀式。遠古時代的人們，對於大自然的一切充滿敬畏，面對許多現象或疾病並不是從今天的科學角度來解釋，而是藉由宗教或超自然的方式來理解。怎麼樣才能祛除引起災難或疾病的鬼魅呢？古代人們於是在祭典上敲鑼打鼓，穿戴各種誇張驚人的服飾，戴上兇惡的面具，企圖嚇跑這些危害人間的魑魅魍魎。正是在這樣的儀式與扮演過程裡，產生了原始的戲劇型態。

人當然不是鬼，也不具備什麼超自然的力量，所以若想要表現出窮兇惡極的相貌把鬼魅給趕跑，必須要藉助裝扮。面具就是最好的工具，一戴上就彷彿換了張臉，足以威嚇八方。

面具的功效如此強大，不但可以驅趕惡鬼，也可以震懾戰場上的敵人。西元六世紀時，中國北方政權北齊有位大將蘭陵王，他武藝高超，驍勇善戰，但長相柔美，恐不足以恫嚇敵人。於是他上戰場時，總會戴上木刻的兇惡面具以震懾眾人，因而所向披靡，攻無不克。後世將他的事蹟編為歌舞表演，稱為《代面》。蘭陵王的面具跟祭祀儀式並沒有太直接的關聯，但面具卻成為戲劇構成的重要元素。

許多東亞國家到今天都還可以看到戴著面具表演的戲劇、歌舞，例如日本的能劇、泰國與柬埔寨一帶的箜劇等。這些戲劇的起源與發展過程不盡相同，但或多或少都跟宗教儀式、民間神話有關。隨著時代變化，有些戲劇類型逐漸採用臉譜化妝而不戴面具，例如京劇就發展出相當細緻且多樣的臉譜藝術，不同的顏色、不同的筆法勾勒，各自代表著不同的人物性格與身份地位。

演戲給神看，扮神給人看

包括京劇在內的許多戲曲種類，過去除了在茶樓、宮廷或私人宅邸演出之外，也常在廟前廣場的戲臺演出。這些在廟宇戲臺的演出，多與慶典、祭祀有關，作為酬謝神祇之用。有些廟口戲臺是固定建築，有些則是因應臨時需求搭建而成。雖然看戲的是人，但名義上仍是演給神明看的，所以這些戲臺多半是面對著廟宇正殿。如此一來，廟宇供奉的神明才能欣賞舞臺上搬演的戲碼。中國大陸山西一帶有許多元明清三代保留下來的古戲臺，例如臨汾牛王廟的戲臺，始建於十三世紀。同樣位於臨汾的廣勝寺，寺院內部水神廟牆上保留有元代的壁畫，讓我們見識到當時劇團編制、演員服裝與舞臺布景，是相當珍貴的歷史資料。

直到今天，我們在台灣仍然可以在廟口看到戲曲演出，特別是歌仔戲與客家戲。在廟口演出的歌仔戲，一般稱之為「外台戲」或「民戲」。所謂「外台」，指的就是室外搭棚的演出空間。演出從下午開始，晚上繼續。下午演出的主要是傳統劇目，晚上的演出則融合了各種創新手法、流行元素等，場面相當熱絡，充滿庶民娛樂氣息。不管劇情內容與表演風格如何，如果演出的目的是為了酬謝神祇或是與神明有關的慶典，通常在下午的戲碼演出之前，會先以「扮仙戲」為整場演出活動揭開序幕。扮仙戲顧名思義是讓演員扮成福祿壽三仙或者其他天官、神仙、天兵天將等，劇情不外乎與吉祥如意、賜福平安有關，演出費用則常來自信眾集資，寄寓了民眾對現世安穩的祈願與想望。

外台演出的還有布袋戲，通常也跟酬謝神祇有關。由於戲偶體積小，攜帶便利，且一名師傅可同時操作多個戲偶，在劇情的調度上顯得更為靈活。不過因為操偶師傅不是戲曲演員，所以未必是由師傅演唱，有時會結合幕後配樂為演出烘托氣氛，控制劇情節奏。日治時代以來，台灣的布袋戲演出主要搭配北管音樂。北管音樂的特色是激昂高亢，嗩吶的音色相當突出，讓布袋戲演出時洋溢著熱鬧喧騰的氛圍。北管音樂在台灣民間宗教慶典上也常使用，可以說明民俗信仰與表演藝術的密切關聯。

《聖經》故事演成宗教單元劇

戲劇演出與宗教活動之間的關聯，不僅出現在東亞地區，在西方戲劇史上也有例證。

中古時期的歐洲農業社會，宗教在民眾生活裡扮演重要角色。從五世紀到十五世紀將近千年的漫長歲月裡，戲劇演出內容幾乎都是宗教題材，稱為「神秘劇」或「神蹟劇」。例如上帝創造天地、亞當與夏娃被逐出伊甸園、人類的原罪、最後審判等等，一方面讓民眾可以經常溫習《聖經》故事，另一方面則藉由戲劇表演，提供民眾一些娛樂。遇到宗教節慶期間，可以從早到晚演出，甚至還可以接連演個好幾天。觀眾可以挑自己有興趣的故事段落來看，也可以全部看完，有點像是我們今天在看單元劇的感覺。

中古時期的歐洲沒有固定的劇院建築，這些宗教內容的戲劇是在馬車上演出，就好像是花車遊行一樣，可以配合需求而移動到不同的演出位置。馬車上搭建的表演舞台，有些設置比較簡單，有些則可以高達三層，分為天堂、人間、地獄的景象。不同馬車演出的故事內容不一定有很強的連貫性，每座馬車三層舞台的故事，彼此之間也不一定有很緊密的因果連結，觀眾可以自行挑選有興趣的部分來看。有些馬車上的舞台分為兩部分，上半部分提供演出所需，下半部分則是演員換裝或擺放道具的空間。

宗教戲劇演出有如遊行花車巡迴

由於演出時往往不會只有一輛馬車，若是在較大的城鎮中演出時，通常馬車會按照規劃好的路線，先在某處演完後，再轉往下一處演出。如此一來，觀眾只要固定在某個地方，就可以陸續看到不同的馬車前來，演出不同的故事。若是在鄉下地方演出，通常馬車就不會四處移動，而是排列在固定位置上，讓民眾自行移動到他有興趣的馬車前觀看。

為了吸引觀眾，這些神秘劇會運用各種舞台機關、特效，例如地獄噴火、壞人墜入深淵、耶穌升天等，藉以強化演出效果，加深觀眾的印象。此外，為了讓觀眾明白易懂，這一類的宗教戲劇多半使用地方語言演出，而不是使用當時歐洲知識階級通行的拉丁語。神秘劇之所以可以在歐洲盛行不衰，固然與中古時代的宗教生活有關，但語言的活潑與生動，更是它與民眾拉近距離的重要原因。

世人都需要道德

除了直接取材自《聖經》故事的戲劇之外，大約從十五世紀初期一直到十六世紀中葉，歐洲流行所謂的「道德劇」。這一類的戲劇將各種善惡價值、行為準則、倫理觀念以擬人化的方式表現，故事通常是藉由人一生中面臨的各種道德衝突，來說明人終將在良善的美德與上帝的引導之下，獲得生命的救贖。最有名的道德劇是《世人》。主角的名字叫「世人」，意思就是代表我們在世界上的每一個人，包括看戲的觀眾。劇中上帝派遣死神前來提取「世人」的性命，要他清點一生的善行與惡行。「世人」尋求親情、友情、知識、力量、理智等角色陪同他前往，但最終真正能陪伴「世人」至死亡之地的，只有「善行」而已。《世人》一劇的道德意涵不言可喻，並且帶有濃厚的宗教思想。

從東亞到歐洲，從中古到當代，戲劇的起源與宗教儀式關係密切，而演出的場合、形式與內容也常與宗教相關。反過來說，宗教儀式的進行以及宗教理念的宣導，也常常藉助戲劇手法讓一般民眾更能理解。

有意思的是，十九世紀末西方人在中國開設教會學校，利用耶誕節期間讓學生們演戲以示慶祝。由於學校的西方背景，演戲時自然而然使用了西式的方法，而不是採用中國傳統戲曲的演法。藉由報刊媒體的報導，一般中國民眾漸漸對西方戲劇有了初步的概念。這些教會學校演出的戲劇並不總是跟宗教故事有關，但中國現代戲劇卻因此開始萌發新芽。目前大多數戲劇史習慣將一九〇七年中國留日學生在東京演出的《茶花女》視為中國現代話劇的起點，不過中國本地的現代戲劇，卻早已經在教會學校裡露出曙光。

15

CHAPTER
第十五章

無時無刻不在表演

日常生活裡有許多詞彙與戲劇表演有關。例如，我們會形容某人「很愛演」，意思是覺得對方有點誇張或是沒有把內心真正的想法講出來。當我們要求對方「不要再演了」，意思是我們覺得看穿了對方的把戲。若是遇到工作方面有需要按部就班解決的事項時，我們會建議要「照著劇本走」。當職務或官位有調動時，我們會說某某人「下台一鞠躬」。這些林林總總關於「演」、「劇本」、「上台下台」的表達法出現在日常對話時，事實上並不是我們真的看到對方在演某齣戲劇。那麼，為什麼我們要用戲劇的詞彙來形容呢？

我們都聽過「人生如戲」或是「世界一舞台」的說法。二十世紀美國社會學家高夫曼則用「自我呈現」的概念，來說明日常生活中的表演行為。高夫曼將戲劇表演觀念與社會學研究結合，發展出一套以「戲劇構成」來理解社會行為的論述。他認為，我們每個人每天的各種日常活動都是一種「表演」，就好像我們在不同情境中演出不同的劇本。這些無時無刻不存在的「表演」行為，決定了我們在日常生活的方方面面所呈現出的樣貌，進而拼貼而成我們的個人形象。

日常生活的自我表演：誰演誰，誰就得像誰

高夫曼的知名社會學著作《日常生活的自我表演》（或譯為《日常生活的自我呈現》），徹底運用戲劇的概念來解釋人們日常生活裡各項行為表現的原因與效果，並藉此來分析社會中的人際關係構成及運作。從高夫曼的角度來說，其實「演」並沒有什麼負面的意涵，而是社會穩定運行的基本法則，讓社會中的每個「角色」，以彼此的默契為基礎，按照「劇本」建立彼此互動關係。若是有人不照「劇本」來，在一定程度上來說，就是破壞了大家約定俗成的社會運作法則。

舉例來說，當我們來到學校上課，通常會預期老師在鐘響的時候出現在教室裡，老師在課堂上會使用特定的教學用語，扮演著提供知識與引導課堂進行的角色。相對而言，學生在上課時扮演著學習者的角色，配合老師的要求進行課堂活動，而下課後與同學之間則又是另一套相處模式。

然而劇本不只一個，戲也不只一齣，所以每個人扮演的角色很多樣化。學

生放學後，回到家裡面對父母長輩時是個孩子，若是到速食店吃東西就成為付費享用空間的消費者。同樣地，老師離開學校後，到超市買菜時就成為一個顧客，與店家之間有金錢往來的關係；若是在假日報名參加社區大學開設的烹飪班，則又可能成為是班上手藝最好的料理小達人。我們根據外在環境需要而切換身份，用適合的方式與周遭的人們應對進退，在語言表達過程中也會採取不同的溝通策略，這一切調整，讓我們可以更順利也更自在地處於各種情境之中。

也就是說，如果我們刻意不按照「劇本」來進行的話，很有可能就會讓整個情境無法順利運作，或者引發人與人彼此之間的衝突。想想看，假設我們在學校進到老師辦公室時，老師用便利商店店員那樣親切高揚的聲調對你說「歡迎光臨！」，我們一定會覺得很奇怪吧！反過來說，當我們出席正式的公開場合時，若是現場工作人員表現得像是你的兄弟姐妹一樣，你會覺得他很親切，還是覺得有點唐突且逾越界線了呢？

這些日常生活中的例子讓我們很清楚地理解到，看似平凡的每一天生活裡，其實我們都在不斷切換各種角色，以符合各種人際關係與外在情境的需求。從這個觀點來說，日常生活裡的「表演」並不是什麼矯情或虛偽的事情，而是我們大家共同生活的基礎，也是維持社會運作的基本條件。

網路時代：表演是必須還是習慣？

高夫曼的社會學理論發展於一九五〇年代。對於身處網路時代的我們來說，更能充分體會到日常生活的各種表演樣態。想想看，當你在發一則限動時，是不是也曾經精挑細選某個角度拍攝的照片呢？當你在下標題時，是不是期望閱讀的人有你想要的反應呢？某些內容的貼文是不是有預設的讀者群，因此反過來影響了你表達的方式呢？

若是在匿名的社群裡，我們有更多機會切換身份，在不同的論壇之間呈現出不同形象的自己。我們原本就必須在社會生活裡「表演」，在不同場合裡扮演不同角色，而隨著網路資訊傳播速度越來越快，範圍越來越廣，我們似乎也越來越習慣，甚至熱衷於在各個社群裡自我呈現。高夫曼注意到社會生活裡自我表演之必要，而現今我們在網路世界中的各種呈現，有時則未必是出於必要，而更多是為了表演而演了。

假如我們同意高夫曼的理論，那麼每個人都是天生的演員！只不過有人演得特別好，能夠在不同的生活情境與社會環境中，為自己安排最適合的表演模式，也為他人找到最舒服的方式，可以和你一起對戲。反過來說，若是沒有辦法妥善處理日常生活的每一種身份扮演，有時對個人會造成一些心理或行為上的困擾，而戲劇往往可以是治療的方法之一。

以戲劇方法療癒內心世界

戲劇治療在近年來被廣泛應用，且在歐美大學多開設為專門課程或學位，培養兼具戲劇知識與心理治療專長的跨領域人才。戲劇治療的方式有很多，例如即興、角色扮演、團體戲劇遊戲，或是導演自己的作品等等。

接受戲劇治療的人並不是專業演員或導演，也不是要在治療師面前呈現一場職業水準的舞台劇。正如我們先前所說的，社會生活的每個環節都有表演的成分存在，所以個人在戲劇治療師面前所「展演」的內容，相當程度反映了接受治療者的內心情緒感受、生活經驗、成長背景、價值判斷等等。通過戲劇治療師的分析與介入，可以嘗試找出問題所在及其形成原因，進而設法幫助求診者處理或解決這些問題。

例如有些戲劇治療師會提供戲劇主題或戲劇角色，要求參與診療者現場即興演出。戲劇治療師會從旁觀察求診者在表演裡運用的元素、空間的感受、演出過程中使用的台詞、情節的鋪排等等，甚至是從求診者所展現出來的形象、與周遭人員的互動等，根據專業理論與經驗做出綜合的判斷，嘗試理解求診者內心深處的焦慮、恐懼來源，逐步化解求診者的不安或困境，進而提供可能的改善方法。

在實際戲劇治療的過程裡，操作的方法相當細緻且複雜，通常並不會直接提出論斷或批評，而是在陪伴與傾聽的過程之中，與求診者一起找出原因。

聽起來是不是有點像劇場工作呢？求診者就好像是負責扮演與詮釋的演員，而戲劇治療師則像是編劇或者導演。編劇可以提供一套劇本要求演員演出，也可以跟演員共同發展一齣戲劇表演；導演則會根據演員的表現，判斷演員的內在心理狀況，進而鼓勵並引導演員做出導演希望他做到的事情。我們若將這些情境搬到治療的現場，就會注意到戲劇治療師與求診者之間的關係，其實就跟導演、演員之間一樣微妙，並且需要建立在高度的信任與合作基礎之上。

戲劇治療的方法還有很多，可以通過個人進行，也可以通過團體活動進行。不論是哪一種方式，都在治療過程帶入許多編劇與表導演觀念，原因就在於戲劇並不是只在舞台上出現，而是展示了人類社會生活的本質。

用戲劇語言學習外語

戲劇與現實情境有許多相近之處，所以戲劇也可以被應用在教育領域，最常見的就是語文教學。

尤其是在外語教學的過程裡，由學習者一起演齣戲，既可以使課堂氣氛更加融洽活潑，也可以讓學習更為輕鬆有趣。死記硬背的文法規則難免容易忘記，也不一定能讓學習者造出正確的句子。但若通過演戲的方式，在排練過程裡反覆練習並且把台詞記下來，也就等於學會句型跟文法了。

同時，為了要正確表達台詞裡的情緒與含意，排練過程裡必須充分瞭解為什麼某句台詞會在某個情境中出現。如此一來，當說話者在日常生活中遇到類似情境時，就能自然而然習慣且合理應用劇中學到的單詞或表達方法。

藉由戲劇來學習外語，並不是我們這個時代的專利。十九世紀的歐洲，絕大多數人沒有辦法前往遙遠的中國學習中文，又不可能拜託遠在中國的西方人提供錄音資料。當時的漢學家曾經利用元雜劇的劇本來充當中文學習教材，因為他們認為戲劇既然是為了提供給廣大群眾欣賞，所以劇本使用的語言必定是通俗淺顯，又能符合口語習慣。例如我們在前面幾章講過的元雜劇《趙氏孤兒》，竟然也曾經被法國漢學家用來編寫中文教材呢！

戲劇表演在現實世界的應用範圍廣泛，因為日常生活就是一場又一場的自我呈現。許多看起來「自然」的言語表現或事件，無一不是經過仔細的設計與演練。美國前總統川普每次在推特發布的訊息，雖然讀起來文字簡短、淺白又接地氣，好像是他率性脫口而出，但根據社會學家分析研究，其實從用語、構句，乃至發文時機等等細節，都是精心計算的結果。如果說政治人物常常在「作秀」，那不正是因為社會生活就是一場「戲」嗎？不管是網紅、戲精或日常生活裡的每一個人，只要演的人願意演，看的人願意看也願意相信，那麼就是一場最成功的戲劇演出。

第十五章——無時無刻不在表演

16

CHAPTER
第十六章

迎向後人類時代的戲劇？

劇場演出最可貴的特質之一，在於它的即時性與現場性。每一次的觀劇經驗，都是獨一無二，不可替代。即使演員排練得再熟悉，技術控制得再純熟，但每一次的演出總有或多或少的細微差異。這正是劇場的魅力所在，因為它讓每一個當下都有特殊的存在意義。

話雖如此，但對於創作者來說，劇場的這種特質也造就了一定程度的風險。假設某位演員今天的精神或體力狀況不佳，以致於沒有辦法把現場演出的節奏掌握得恰如其分；又或是不小心忘了詞、掉了道具，導致舞臺上一陣尷尬……諸如此類的情況，對觀眾來說或許是可遇而不可求的難得經驗，不過導演或演員本人未必會這麼想。如何減低現場演出時的不確定因素，讓每一次的演出都能最精準傳遞整齣製作的美感與概念，成為許多劇場工作者有興趣的議題。

身體是一套生物機械？

一九二〇年代的俄國劇場藝術家梅耶荷德從演員的身體著手。當時歐洲正流行史坦尼斯拉夫斯基的表演方法體系，要求演員從內到外發展角色，嘗試全面理解並掌握角色的生命經驗與情感體會，進而讓演員本身在舞臺上表演時，寫實地傳達角色的感受、欲望與情緒。

史坦尼斯拉夫斯基的表演訓練方法雖然可以很細膩地處理角色的人格特質或情感表達，但在實際演出時，也很容易受到演員當下的生理或心理狀況影響。梅耶荷德注意到這個問題，於是主張演員應該把台詞與身體區隔開來。也就是說，演員的身體不應該任由台詞的情感或內容所引導，而是應該根據舞臺表演的需求，發展出一套適合的身體語彙。

我們不妨可以這麼想像，梅耶荷德是運用一種類似編舞的方法，將戲劇演出區分成許多段落，每一個段落裡都有相對應的節奏、速度、重心與能量，而演員必須充分運用自己的身體去符合這些需求。梅耶荷德認為，只要身體各個部位可以準確展現形式，那麼就可以傳達給觀眾正確的訊息與情感。

梅耶荷德運用許多訓練方法，例如跳躍、射箭、互推等等，並且將這些基礎練習組合成連續性的動作，其目的都是為了讓演員的身體可以收放自如，通過精準縝密的控制，以便在舞臺空間裡掌創造最理想的效果。這一套方法稱為「生物機械論」，一方面指出演員是有機的生命體，另一方面也強調機械運行的精確性。

把劇場的主導權還給演員的身體

人當然不可能做到像機械那樣，但「生物機械論」是想通過各種肢體訓練，讓演員的身體減少隨興的或充滿變動因素的表現。其實這套想法跟中國戲曲及其他亞洲傳統戲劇有點接近，只不過人們未必是用「機械」這個概念來說明。例如中國戲曲裡有所謂的「程式」，並不是讓演員直接模擬角色的個性與特質，而是反覆學習一套肢體語彙及表演節奏，通過不斷地打磨、精進，創造出角色在舞台上需要表現的氛圍或效果。

對於習慣戲曲演出的觀眾來說，其實程式並不是一成不變的，而是可以適度結合演員本身內在的情感。但如果我們試著用梅耶荷德的角度來理解，則會認為每一個動作、每一套連續的程式表演，從形式上就足以說明一切，而不需要演員或觀眾將自身連結到到角色的內心世界。從這個「生物機械論」的觀點來看，戲曲表演就像是一套完美編碼的舞蹈，每一個分解動作都具有意義，而意義就來自於形式。

梅耶荷德的理論雖然流行時間並不很久，但後來卻啟發了許多劇場藝術家對於身體和空間的看法。對於西方戲劇來說，這是把戲劇的主導權還給演員，而演員在表演時是以身體為工具，不是藉由他在閱讀劇本時的種種感想或認同。

回到我們在這個章節一開始所關心的，則是到底怎麼樣才能夠避免演員在演出過程裡的不確定性。同樣是在二十世紀初期，英國的劇場藝術家戈登克雷格也注意到，人作為演員，在舞臺上必會遇到各種不確定因素。戈登克雷格於是把腦筋動到偶戲上。

戲偶是舞台上唯一的演員？

戈登克雷格說過，在舞台上只有一個演員，那就是戲偶，而不是擁有劇作家靈魂的那個人，也不是企圖忠實詮釋劇作家意念的那個人。這句話聽起來似乎有點矛盾，因為當時大多數戲偶畢竟需要人來操作，而人為的操作本身就具有不確定性。不過戈登克雷格關注的未必是人類如何操偶，而是在戲偶身上看到一種實踐精準表演的可能。一般演員每次演出時不免有或多或少的差異，比方說手可能舉得高一點或低一點，眼神轉動的角度可能多一點或少一點，但如果是使用戲偶來表演，就有可能精準控制每一個動作，讓每一次的演出都是完美無缺的呈現。

此外，戈登克雷格對面具也很有興趣，因為面具可以很精準地抓住觀眾的注意力，分毫不差地呈現藝術家想提供給觀眾的概念和訊息。

戈登克雷格發展出一種名為「超戲偶」的表演觀念，主要是希望在劇場裡追求一種統整性。不只是演員的表演，也包括舞臺設計、燈光音效、劇場空間等等，都需要全面精準地控制，以達到作品本身要呈現的意念和美感。為了要避免演員本身個性或氣質對作品造成的影響，理想的演員就必須要效法傀儡。不過，戈登克雷格的這一套理論，並沒有真正落實在劇場製作裡。在戈登克雷格後來的論述裡，是以藝術概念的方式來闡述這套理想，而不是真的去要求演員與戲偶之間的連結。

可控的機器人：從形體到心智

不管是梅耶荷德也好，戈登克雷格也好，我們可以看到二十世紀以來有許多劇場藝術家，希望能夠減少演員的不可控制性。時至今日，可由電腦控制的機器人成為劇場演出的新寵。

中國古代已經出現類似「機器人」的概念。《列子》書中記載有工匠向周穆王進獻能歌善舞的「倡者」，不但言行舉止惟妙惟肖，甚至眼神都好像在跟宮中姬妾調情，引得周穆王大怒。不過這個「機器人」並沒有真正的思考與判斷能力，也不具備人性，而只能說是技巧高超的機械工藝。

我們今天使用的「robot」（機器人）這個字，最早是在劇場舞台上出現的。時間可以追溯到一九二一年在歐洲演出的《羅素姆的萬能機器人》，作者是捷克劇作家恰佩克。這個劇本裡想像了五百年後的地球，以及人類與機器人之間的爭鬥，同時也觸及了機器人是否可能產生人性的問題。這齣戲曾在一九四〇年代的上海演出，引起不小轟動。然而，不管是在歐洲或上海的演出，就當時的技術來說，都只能用真人演員去扮演機器人，在舞台上與飾演人類的演員一起演出。

隨著科技的發展，近年東亞地區不乏有機器人參與的舞台演出。例如二〇二一年台灣藝術家黃翊在台北國家戲劇院推出的作品《小螞蟻與機器人：游牧咖啡館》，藉由機器手臂的細膩動作，與真人舞者之間互相搭配，創造出獨特的「肢體」線條律動感。舞台上真正具有人形的「機器人」，則可見於平田織佐、石黑浩共同合作推出的劇場作品。平田織佐是日本知名劇場編導，石黑浩則是機器人專家，兩人都在大阪大學任教，致力於開發機器人劇場的各種可能。二〇一二年，兩人合作的機器人劇場作品《三姊妹——人形機器人版》在日本、巴黎等地演出後，隔年在台北藝術節演出。《三姊妹——人形機器人版》顧名思義是改編自俄國劇作家契訶夫的《三姊妹》，但其中有個妹妹是由人形機器人演出。契訶夫原作的場景是十九世紀末、二十世紀初的俄國，機器人版本則將劇情設定在未來，兩者都呈現了時代變遷下的徬徨與不安。

二〇一五年，平田織佐、石黑浩兩人合作的《蛻變——人形機器人版》來台演出。劇情改編自卡夫卡的小說，而原著小說中一覺醒來發現自己形體改變的男主角，在劇中是由機器人飾演。不同於原著小說裡所表現的疏離感，機器人版的《蛻變》則凸顯母親如何對「變形」的兒子付出關心。值得注意的是，《三姊妹》將機器人穿著打扮成真人一樣，而《蛻變》的機器人則以原本的機械面貌出現在舞臺上，激發觀眾更進一步去思考人存在的價值與本質究竟是什麼。

真人演員與機器人同台演出，目前在技術層面上最大的難點，就是要把所有機器人負責的台詞與動作先行設計，確定機器人可以在正確時間移動到對的位置，說出正確的台詞，做出預先設計好的各種反應。人雖然可以隨機應變，但目前的機器人則還只能按表操課，無法根據現場的實際情況隨時調整，以致於不管現場出現什麼情況，人類也只能配合機器人「將錯就錯」。有趣的是，原本劇場藝術家是希望利用「生物機械論」、偶戲乃至機器人等各種方式來減低戲劇演出過程裡的變因，但當我們真的把機器人放到舞台上時，卻還是不能不擔心演出出錯，而它的「錯」卻恰好是來自於它不會出錯。

隨著AI人工智慧的發展，配合各項機械技術的進步，未來應該可以讓機器人與人類更自然也更融洽地合演舞台劇，屆時必定又會激起更多關於人性本質的思索。

從另外一個角度來說，如果現實生活的每一個生活情境都帶有戲劇演出的性質，那麼只要能利用AI技術提供機器人足夠的戲劇情境，並為每一種戲劇情境設計出適合的回應方式，這樣的機器人不僅可以在舞台上演出，甚至可以更加完美地進入我們的生活裡，提供我們需要的意見交流與情感回饋。目前我們在部分品牌的手機上，只要一聲Hey，就可以輕鬆與手機內建的人工智慧助理軟體對話，彷彿進行一場日常生活的戲劇演出。在生活中、在劇場裡，誰又知道未來的機器人會如何改變我們對於戲劇的觀念呢？

尾聲

戲劇教我的事*

小時候被老師找上台演戲，一方面覺得開心，另一方面也有點不情願。開心的是可以被許多人看見，但又覺得演出的角色跟自己平常個性有差異，似乎要勉強自己變成另一個人。上了大學以後，參加學校的戲劇公演，寫實的、非寫實的角色都演過，有些角色甚至非常邪惡，讓我每次排練時都要花上一些時間說服自己。

我告訴自己，這只是在演戲，不是真的。燈一亮，舞台上的我就不是我自己，而是另一個角色。

可是我又不免懷疑，站上台不就是為了讓人看見「我」嗎？為什麼要把自己變成另外一個人呢？

隨著年紀一天天長大，我暫時離開書本而投入職場，此起彼落的辦公室電話聲取代了清脆的上下課鐘響。在日復一復的工作裡，我對自己的生命步伐似乎多了些踏實感，卻也開始有了一點失落。例行性的事務熟能生巧，但我一顆不安於室的好動心靈，卻又常常思忖，人生有沒有別的可能呢？

還好曾經唸過戲劇系所。在看似一成不變的朝九晚五之間，我回想起戲劇系教我的事，以及戲劇給我的滋養。想起劇本台詞的字裡行間，或是舞台的光影流轉中，總有機會可以大膽嘗試不一樣的人生。也許是閱讀一個劇本，讓自己想像著與角色合而為一，沉浸在古今中外的心靈世界裡。也許是觀賞一齣戲劇，讓自己隨著不同的情境與生命歷程，馳騁在廣闊無邊的生命想像裡。

只是年少的我，未必如此灑脫。我曾經問過戲劇系的胡耀恆老師，我們念戲劇到底可以學到什麼呢？除了學校辦招生宣傳活動需要表演節目時，平常有誰會記得要注意我們呢？

＊本文改寫自〈戲劇系教我的事〉，原刊於二〇二二年四月二十九日《國語日報》。

胡老師一如平常的篤定，卻又在臉上浮現一抹神秘感，微微地笑著告訴我，戲劇系學的就是把人看透。

在我露出疑惑表情的同時，胡老師彷彿已經看透了我，不等我開口就繼續向我解釋。他說，戲劇來自人生，什麼樣的人在什麼情境下說了什麼話，都是有跡可尋的。劇本讀多了，再想想現實生活裡的人，為什麼在不同情境下有不同的態度和不同的反應，自然也就更明白了。

胡老師的一番話，迄今讓我印象深刻。原來戲劇系學的不只是演戲，而是在閱讀劇本、認識舞台的過程裡，讓我們學著設身處地，試著在各種情境下理解人生百態。如今體驗過更多人生滋味的我，回過頭來再想想胡老師的話，更讓我覺得人生多了一份寬容與理解。因為人生的舞台上，每一個人都有屬於自己這個角色的動機，也有外在環境所導致的不得不然。

如果說，人生如戲、戲如人生，也許戲劇系就是某種程度上的「不分系」吧？它讓我學到一種面對自己的方法，也讓我學到處理人生的態度，一輩子的生命途程上都受用。

希望讀了這本書的你，開始對戲劇有些不一樣的感受和想法。從十六歲起，讓戲劇成為陪伴你一生的好朋友！

附錄

延伸閱讀

1. 平田織佐原著，戴開成譯，《演劇入門》。台北：書林，2015年。
2. 克里斯多夫．巴爾梅（Christophe Balme）原著，耿一偉譯，《劍橋劇場研究入門》。台北：書林，2010年。
3. 肯．路德維格（Ken Ludwig）原著，楊佳陵、蔡亞臻、謝方瑜譯，《青春，就是要讀莎士比亞》。台北：遠流，2017年。
4. 卡塔玲娜．馬倫霍茲（Katharina Mahrenholtz）、朵恩．帕里西（Dawn Parisi）原著，麥德文譯，《上一堂有趣的戲劇課》。台北：遠流，2021年。
5. 于善祿，《當代華文戲劇漫談》。台北：國立台北藝術大學，2019年。

6. 于善祿，《臺灣當代劇場的評論與詮釋》。台北：遠流，2015年。
7. 于善祿、林于竝編，《臺灣當代劇場四十年》。台北：遠流，2019年。
8. 鴻鴻，《新世紀台灣劇場》。台北：五南，2016年。
9. 黃宣諭，《圖解台灣戲劇史綱》。台中：晨星，2018年。
10. 何一梵，《劇場敘事學——劇本分析的七個命題》。台北：揚智，2018年。
11. 青少年表演藝術聯盟、吳奕蓉合著，《我的青春，在劇場》。新北：青少年表演藝術聯盟，2020年。
12. 鍾明德，《台灣小劇場運動史：尋找另類美學與政治》。台北：書林，2018年。
13. 鍾明德，《現代戲劇講座：從寫實主義到後現代主義》。台北：書林，1995年。
14. 林鶴宜，《臺灣戲劇史》（增修版）。台北：台灣大學出版中心，2015年。
15. 胡耀恆，《西方戲劇史》（上、下）。台北：三民，2016年。
16. 傅謹，《20世紀中國戲劇史》（上、下）。北京：中國社會科學出版社，2016年。
17. 楊莉莉，《歐陸編劇新視野》。台北：黑眼睛文化，2008年。
18. 王安祈，《當代戲曲（附劇本選）》。台北：三民書局，2002年。

19. 尤金諾・芭芭（Eugenio Barba）、尼可拉・沙瓦里斯（Nicolas Savarese）原著，丁凡譯，《劇場人類學辭典：表演者的秘藝》。台北：國立台北藝術大學、書林出版有限公司合作翻譯發行，2012年。

20. 梁文菁編，《與莎士比亞同行：著述、演繹、生活》。台北：網路與書出版，2016年。

21. 卡塔琳・特蓮雀妮（Katalin Trencsényi）原著，陳佾均譯，《戲劇顧問：連結理論與創作的實作手冊》。台北：國家表演藝術中心國家兩廳院，2016年。

22. 碧雅特麗克絲・蓋爾霍夫（Beatrix Gehlhoff）原著，黃意淳譯，《圖解歌劇世界：帶你暢遊西洋歌劇史》。台北：時報出版，2023年。

23. 董健、馬俊山著，《戲劇藝術十五講》（修訂版）。香港：中和出版，2018年。

24. 姚一葦，《戲劇原理》。台北：書林，2004年。

25. 荷米・夏侯（Remy Charest）原著，林乃文譯，《羅伯・勒帕吉：創作之翼》。台北：國家表演藝術中心國家兩廳院，2007年。

26. 彼得・布魯克（Peter Brook）原著，耿一偉譯，《彼得・布魯克：空的空間》。台北：國家表演藝術中心國家兩廳院，2008年。

27. 耿一偉，《羅伯．威爾森：光的無限力量》。台北：國家表演藝術中心國家兩廳院，2009年。
28. 亞莉安．莫虛金（Ariane Mnouchkine）、法賓娜．巴斯喀（Fabienne Pascaud）原著，馬照琪譯，《亞莉安．莫虛金：當下的藝術》。台北：國家表演藝術中心國家兩廳院，2011年。
29. 王婆綠、吳孟珊、李惠美、周伶芝等著，《到全球戲劇院旅行一：歐陸三國的14個戲劇殿堂》。台北：國家表演藝術中心國家兩廳院，2013年。
30. Mosla、王洎、田國平、李建隆等著，《到全球戲劇院旅行二：4洲9國的16個戲劇殿堂》。台北：國家表演藝術中心國家兩廳院，2014年。
31. 姚坤君，《表演必修課：穿梭於角色與演員之間的探索》。台北：書林，2015年。
32. 大衛．鮑爾（David Ball）原著，莊丹琪譯，《劇本筆記：讀劇必修的22堂課》。台北：五南，2017年。
33. 莎士比亞（William Shakespeare）原著，蘭姆姊弟（Mary & Charles Lamb）改寫，謝靜雯譯，《莎士比亞故事集》。台北：漫遊者文化，2016年。

網路資源

1. 全球莎士比亞資料庫（Global Shakespeares: Video and Performance Archive）：https://globalshakespeares.mit.edu/
2. 英國皇家莎士比亞劇團（RSC）官方頻道：https://www.youtube.com/@theRSC
3. 巴黎歌劇院線上觀看：https://play.operadeparis.fr/
4. 法國陽光劇團（Théâtre du Soleil）歷年演出影音資料庫：https://www.theatre-du-soleil.fr/fr/la-galerie-multimedia/en-videos/spectacles
5. 法國當代劇場影音資料庫：https://www.theatre-contemporain.net/videos/actualites/
6. 國家兩廳院官方頻道：https://www.youtube.com/@NTCH/videos
7. 台中國家歌劇院官方頻道https://www.youtube.com/@NationalTaichungTheater/videos
8. 衛武營國家藝術文化中心官方頻道：https://www.youtube.com/@weiwuyingfilm
9. 國光劇團官方頻道：https://www.youtube.com/@GuoGuangOpera

10. 台灣豫劇團官方頻道：https://www.youtube.com/@taiwanbangzi1483
11. 台積電文教基金會「台積電╳國光戲曲傳承計畫」、「王安祈說老戲」：https://www.youtube.com/@tsmcfoundation
12. 辜公亮文教基金會酷雲劇場：https://www.youtube.com/@koocloudtheater6819
13. 趨勢教育基金會真劇場：https://www.youtube.com/@trendfd6601
14. 台灣現代戲劇暨表演影音資料庫：www.eti-tw.com
15. 雲劇場（台灣）：https://tw.cloudjoi.com/
16. 台中國家歌劇院WOW藝術NTT國際藝聞雙週報Podcast：https://www.npac-ntt.org/blog/c-nLB8oOOSMqg
17. IC之音竹科廣播電台「打開戲箱說故事」節目：https://www.ic975.com/
18. 中央廣播電台「臺灣文武鬥」節目：https://www.rti.org.tw/radio/programView/id/1597
19. 愛樂電台「不只是崑曲」節目：https://www.youtube.com/@ckkunarts/videos

16歲的戲劇課

作者　羅仕龍
社長　林宜澐
總編輯　廖志墭
編輯　王威智
全書設計　黃祺芸
出版　蔚藍文化出版股份有限公司
地址　110408 臺北市信義區基隆路一段 176 號 5 樓之 1
電話　02-22431897
臉書　www.facebook.com/AZUREPUBLISH/
讀者服務信箱　azurebks@gmail.com
總經銷　大和書報圖書股份有限公司
地址　248020 新北市新莊區五工五路 2 號
電話　02-89902588
法律顧問　眾律國際法律事務所　著作權律師／范國華律師
電話　02-27595585
網站　www.zoomlaw.net
印刷　世和印製企業有限公司
定價　新臺幣 380 元
初版一刷　2023 年 9 月
ISBN　978-626-7275-14-6（平裝）

國家圖書館出版品預行編目(CIP)資料

16 歲的戲劇課／羅仕龍著. -- 初版.
-- 臺北市：蔚藍文化出版股份有限公司, 2023.09
面；　公分
ISBN 978-626-7275-14-6(平裝)
1.CST: 戲劇 2.CST: 藝術教育
3.CST: 中等教育

524.374　　112013267